차이나
China Manual
매뉴얼

이담
Books

차이나 매뉴얼을 쓰며

"우리에게 중국은 무엇이며 어떻게 다가가야 하는가?"라는 물음에 중국에 관한 자료수집(collecting data)은 많지만 실용적인 지식이 부족하다는 것이 필자의 생각이다.

필자는 이 책에서 실용적인 지식의 중심에 사람과의 관계를 설정했다.

이것은 맹자와도 뜻을 같이하는데 맹자는 그의 제자 공손추와 전쟁(戰爭)에 관한 문답을 나누면서 '하늘이 주는 좋은 때는 지리적 이로움만 못하고, 지리적 이로움도 사람의 화합만 못하다(孟子曰: 天時不如地利, 地利不如人和)'[1]라는 말로 인간관계의 형성(connecting people)을 가장 중요한 키워드라고 주장하였다. 물질 경제보다 소프트 파워가 강조되는 현시대에, 인간관계의 중요성은 갈수록 높아지고 있다.

필자는 '우리와 중국인과의 인간관계 형성(connecting people)'에 포커스를 맞추어 본 책을 집필하였다.

본 책은 모두 여덟 단계로 구성하였다.

중국은 장구한 역사만큼이나 수많은 이민족과의 전쟁을 겪었다. 그러한 까닭으로 중국인은 쉽게 타인에게 마음을 보이지 않지만 체면을 세우면 얘기는 달라진다.

중국인은 유가의 영향으로 인해 체면을 매우 중시하고 명분을 중요시하므로 '체면(面子)'에 대해 공을 많이 들여야 한다.

이렇게 서로가 체면이 선다면 **인간관계(關系)**로 이어지는데 친구 또는 형제 등의 새로운 신분을 갖게 된다. 이렇게 자기 사람(自己人)이 되면 **식사초대(請客)**를 즐기며 **사업(算)**[2]을 도모하게 되는데 여기에는 또 다른 해법을 알아 두어야 한다.

즉, 중국은 지리적인 여건과 55개의 소수민족으로 인해 중국 북방과 남방의 문화가 다르므로 하나의 나라가 아닌 **중앙**과 **지방**을 따로 분리해서 이해해야 하는데 정치적 수도 북경과 경제적 수도 상해를 두 개의 축 중앙에 두고, 여타 지방을 살펴보아야 할 것이다.

오늘날 현대의 발전된 중국을 가능하게 했던 **개혁·개방**을 이해하기 위해서 먼저 중국의 문화대혁명을 살펴보고, 중국 특색의 실사구시(実事求是)를 근간으로 한 사회주의 시장 경제의 특색을 공부하며, 다당제 개념의 정당으로서의 **공산당**이 아닌 정부 그 자체로서의 공산당으로 시각을 가져야 할 것이다.

지나간 역사 속에서 우리는 중국과 수많은 관계를 맺어 왔으며, 현재 한·중 관계에 있어 한국의 제1 교역 상대국은 중국이며 제4의 교역 상대국도 대만이다. 지금 중국은 국민총생산이 약 6조 달러의 세계 2위의 경제 대국[3]이며 중국에 있어서 한국은 제3 교역 상대국의 관계에 있다.

당(唐) 태종 이세민은 역사의 무대에서,

"역사를 거울 삼으면 국가의 흥망을 알 수 있고(以史爲鑑, 可知興替), 청동을 거울로 삼으면 의관을 바르게 할 수 있다(以銅爲鏡, 可正衣冠)"라고 말했다.

끝으로 이 책이 나오기까지 많은 도움을 주신 가족과 주변 지인들 그리고 한국학술정보(주) 대표이사님과 출판사업부, 디자

인편집부에 감사드린다.

　우리에게도 잘 알려진 중국의 사대기서(四大奇書)중 하나인『서유기(西遊記)』를 드라마화한 극의 주제가에 이러한 가사가 있다.

　'어느 쪽으로 길을 가야 하느냐?(敢問路在何方)'라고 묻자 '길은 발밑에 있다(路在脚下)'라고 대답한다.

　루쉰(魯迅)4)은 길(路)에 대한 정의를 이렇게 하고 있다.

　'땅 위에 언제부터 길이 있었겠느냐? 내가 걸어가고 여러 사람이 다니다 보니 길이 만들어지는 것이지…….'

　끝으로 이 책이 여러분의 중국 여정(旅程)에 조그마한 도움이 되길 바란다.

　독자 여러분의 성공을 기원한다.

---

1) 맹자(孟子)의 『공손추하(公孫丑下)』편.
2) 사업은 중국어로 '生意'라고 하는데, 여기서 算(계산)이라 한 것은 사업을 같이 도모하게 되는 과정을 뜻한다.
3) 조선일보, 2011년 1월 21일.
4) 중국의 현대 문학가

[당(唐) 태종 이세민]

CHAPTER 1

중국인의 체면
(面子: 미엔즈)

동서고금을 통해서 체면[1]을 소중히 여기지 않는 민족이 어디 있겠느냐마는 중국인만큼 체면을 목숨처럼 소중히 여기는 민족도 드물 것이다.

필자는 1993년 2월 2일 중국 수도 베이징(북경: 北京)에 도착했다. 처음에 북경사범대학에서 어학 연수를 거쳐 북경대학교에서 10년간의 유학 생활과 7년간의 교수 생활을 했는데, 중국인과의 교제는 이유나 목적이 어떻든 '식사'에서 시작된다는 것을 알게 되었다.

하루는 전부터 알고 지내던 중국인 친구와 식당에서 식사를 하는데, 먹을 만큼만 주문하고 후에 모자라면 추가하는 우리와 달리 그들은 특별한 경우가 아니면 처음 주문 때부터 음식을 넘치도록 (혹은 풍성하게) 주문한다. 그 내용을 살펴보면 냉채(冷

---

1) 중국어 표현 중 '체면'을 미엔즈(面子: 면자)라고 한다.

菜)라고 해서 차가운 음식류, 예를 들면 두부피(두부를 얇게 썰어 만든 것), 땅콩(삶은 것, 튀긴 것) 등 기본적인 채소류가 있고, 육류를 포 떠서 말린 것 등을 주문하는 것도 잊지 않는다. 물론 메인 요리에는 민물고기류와 육류 요리를 빼놓지 않고 주문해서 언제나 산해진미를 연출하곤 한다.

중국인들이 설명하기를 '요우미엔즈(有面子: 유면자)'라고 해서 기본적인 체면을 세우기 위해서라도 음식을 주문하는 데 인색하지 않다는 것이다.

이러한 까닭을 처음부터 필자가 알 수는 없지만, 중국의 생활이 익숙해지면서 필자도 자연스럽게 그들을 닮아 가고 있었다.

한편, 중국대학은 대학생들이 모두가 기숙사 생활을 한다. 1992년 한중수교2) 직후에는 모든 유학생도 원칙적으로 기숙사 생활을 요구했지만, 그 후 학교 측의 재량으로 거주지역 파출소에 거주신고한 후 학교 밖에서도 생활을 할 수 있게 되었다. 중국 모든 대학의 문화 시설 중 빠지지 않는 것이 대학이 운영하는 극장과 춤출 수 있는 공간이다. 이러한 문화 시설은 금요일 오후부터 일요일 오후까지 운영한다.

체면과 춤에 얽힌 에피소드를 소개해 보고자 한다.

춤출 수 있는 장소는 평소에는 식당으로 사용하다가 주말에 임시로 그 기능을 바꾸기도 한다. 체육관 등도 댄스홀로 임시

---

2) 1992년 8월 24일 한중수교

사용하기도 한다.

이곳에서는 음료를 자유롭게 판매하지만 주류는 판매하지 않는 것을 원칙으로 삼는다. 또한 학교의 보안(保安)을 담당하는 부서(保安隊)에서 실내 질서를 유지해 준다.

특이한 것은 여기서 혼자서 추는 이가 없고, 모든 사람이 두 명씩 파트너가 되어서 춤을 즐긴다. 즉 혼자 즐기는 춤은 거의 추지 않는다.

춤객들의 종류도 다양해서 나이 지긋한 퇴직 교수를 비롯한 교직원, 학생 등 나이에 차별 없이 출입한다. 필자도 가끔 주말에 여유 시간이 생기면 찾아가곤 했는데 우리와 다른 특이한 상황이 전개된다.

둘이서 춤을 즐길 수밖에 없어서 일반적으로 파트너를 요청하는 모양새로 손을 내미는데 남성이 여성에게 혹은 여성이 남성에게 요청하기도 하고, 연장자가 젊은이에게 요청해도 대부분 그 요청에 기꺼이 수락한다. "왜 그럴까?" 필자에게는 다소 생소한 풍경이었기에 이러한 그들의 일상이 다소 어리둥절하기만 했다.

물론 오래지 않아 그 해답을 찾을 수 있었다.

중국인들의 인간관계에서 상대방의 체면을 세워주는 것은 매우 중요한 덕목이다.

상대방의 체면을 세워주는 것을 게이미엔즈(給面子: 급면자)

CHAPTER 1. 중국인의 체면(面子: 미엔즈)

라고 한다. 그렇다. 상대방의 체면을 세워 주기 위한 것이었다.

또 다른 '체면'에 관한 일화는 1996년 북경대학 내 영화관에서 일이다. '서초패왕(西楚霸王)'이라는 영화는 당시 엄청난 관객을 동원했다. 필자 역시 이 영화를 보려고 늘어선 길을 한참이나 기다린 후에야 '서초패왕'을 만날 수 있었다.

일반적으로 역사는 승자를 기록하고 승자에 의해 쓰인 승자의 이야기가 역사인 경우가 지배적이다. 그렇지만 서초패왕은 초한지(楚漢地)에서 패배한 초나라 패왕(霸王) 항우를 중심에 놓고 이야기를 풀어나간 것이 나에게는 특별한 의미로 다가왔다.

여기서 영화의 핵심 부분을 잠시 설명하고 넘어가자.

영화의 핵심적인 무대는 진(秦)나라를 무너뜨린 초패왕(楚霸王) 항우(項羽)와 한왕(漢王) 유방(劉邦)은 홍구(鴻溝)3)를 경계로 천하를 양분하며 5년 여간에 걸친 패권(霸権) 다투던 중에 항우의 휴전 제의를 유방이 받아들인다.

그 후 항우는 초나라의 도읍인 팽성(彭城)4)을 향해 길에 올랐으나 서쪽의 한중(漢中)5)으로 철수하려던 유방은 참모 장량(張良), 진평(陣平)의 모략으로 항우를 추격하면서 영화가 절정을 이룬다.

해하(垓下)6)에 도착한 항우의 군대는 한신(韓信)이 지휘하는

---

3) 지금의 하남성(河南省)의 가로하(賈魯河)
4) 지금의 서주(徐州)
5) 지금의 섬서성(陝西省)에 위치

차이나 매뉴얼

한나라 대군에게 사면(四面)이 포위된다. 이때 장량이 포로로 있는 초나라 군사들에게 초나라의 고향 노래를 사방에서 부르게 한다(楚歌). 이렇게 해서 유방의 한(漢)나라는 심리전에서 먼저 승리를 거두면서 시작된 고사성어가 '사면초가(四面楚歌)'이다.

초나라 군사들은 심신도 지치고 사기도 떨어지고 있을 한밤중에 '사방에서 그리운 고향의 초나라 노랫소리에 눈물을 흘리며(四面楚歌)' 모두 전의를 잃고 다투어 도망을 가기 시작한 것이다.

이때 패왕 항우 또한 이별의 주연(酒宴)과 더불어 사랑하는 우미인(虞美人)의 '사면초가(四面楚歌)'의 애절한 노래를 듣고, 비분강개(悲憤慷慨)한 심정으로 아래와 같이 외친다.

힘은 산을 뽑을 수 있고 의기는 세상을 덮건만(力拔山兮気蓋世)
때는 불리하고 추7)도 달리지를 않는구나(时不利兮騅不逝).
추가 가지 않으니 어찌하면 좋은가(騅不逝兮可奈何).
우8)야 우야 그대를 어찌하나(虞兮虞兮奈若何).

그날 밤, 불과 800여 기(騎)를 이끌고 한나라 포위망을 탈출한 항우는 이튿날, 혼자 한나라 적군 속으로 뛰어들어 수백 명의 목을 벤 뒤, 처음에 군사를 일으켰던 땅 '강동(江東)'으로 갈 수

---

6) 지금의 안휘성(安徽省) 부근
7) 추: 항우가 항상 타고 다니던 준마의 이름
8) 항우의 애첩: 우미인(虞美人)

CHAPTER 1. 중국인의 체면(面子: 미엔즈)

있는 안휘성의 오강(烏江)까지 내달렸다.

항우가 강만 건너면 살 수 있는 것을 항우는 8,000여 명의 강동(江東) 자제(子弟)들이 다 죽고 혼자 돌아가는 것이 체면이 안 선다고 해서 스스로 목을 쳐서 자살하는데 그때의 나이가 31세였다.[9]

항우는 체면이 없어서, 즉 '메이미엔즈(沒面子: 몰면자)'[10] 하여 죽음을 자청했던 것이다.

필자는 '서초패왕(西楚覇王)'을 왜 중국인들이 열광하는지를 본 것이다.

체면은 얼굴이라는 뜻이다. 워낙 체면을 중시했던 민족이었던 만큼 체면이 서지 않는다면 죽음까지도 불사해서 체면을 세운다는 것이다.

그렇다면 중국인들에 있어서 '체면'은 무엇인가?

이 문제의 솔루션을 찾기 위해 나는 중국 고대 선사 시대로 거슬러 올라가 보기로 했다.

중국에 있어서 '체면' 문제에 관한 이해를 하기 위해서는 선지식이 필요한데 바로 중국인들이 가지고 있는 '중화사상(中華思想)'에 대한 이해이다.

---

9) 『사기(史記)』의 「항우본기(項羽本紀)」
10) 우리식 표현으로 면목이 없는 상태

“중화사상”의 핵심은 “천하의 중심이 중국”이라는 중국인의 세계관으로 설명된다.

중화사상의 시작은 삼황오제(三黃五帝)의 개국신화이다. B.C. 3,000여 년 전 중국에서는 황제가 탄생하여 곤륜산에 도시를 세웠다. 이것이 바로 오늘날 중국이 세워진 기원의 일반적인 배경이다.

여기서 황제의 제(帝)는 곧 땅을 가리키는데 황제는 황토의 화신이며 중화민족의 시조로서 모든 생명체를 상징한다. 여기서 생명의 순환과 재생을 상징하는 용(龍)을 만들었다고 한다. 실제로 용이 모습은 말의 머리, 사슴의 뿔, 뱀의 몸통, 닭의 발톱, 물고기의 비늘과 수염으로 구성된 합성체임을 알 수 있는데. 그 용을 숭배함으로써 중화 민족의 영원함을 기원하고 있다. 그래서 지금도 중국인의 주류인 한족(漢族)들은 ‘황제(黃帝)의 자손’으로 서북 황하(黃河) 유역에서 발원한 ‘용의 후손(龍的 伝人)’이라고 자부한다.

그러나 최근 들어 한족(漢族)의 단일성에 대한 신화(神話)의 주장은 그 설득력이 떨어지고 있다.

[용의 이미지]

[상(商)나라 지도][11]

　　이유를 말하자면, 중국 최초로 등장한 통일왕조 진(秦)나라도 산시(陝西: 섬서) 관중(関中) 지역의 한족(漢族)[12] 왕실과 서북쪽의 '융(戎)' 계통의 민족과 기타 지역의 여러 혈통이 혼합되어 이뤄진 것이기에 중국인들은 스스로의 정체성을 이민족 간의 융합에서 찾고 있기 때문이다. 더욱이 한족(漢族)이라는 용어는 진나라

---

11) 『중국역사지리도집(中國歷史地理圖集)』, 중화지도학사출판(中華地圖學社出板) 第1册 pp.11~12.

12) 한족이라는 민족 용어는 한(漢)나라(B.C. 202~A.D. 220)에서 유래

(秦朝)를 거쳐서 유방이 세운 한나라(漢朝)에서부터 사용되었다.

이렇듯 고대 상나라(商朝)13) 초기부터 제(帝)를 중심으로 상하(上下) 또는 중심(華)과 주변(夷)이라는 의미의 중화질서14)의 초기 이론적 토대가 형성되었다. 물론 이때의 개념은 상왕국과 기타 부족과의 연맹적인 성격을 지니고 있었지만 상나라 말기에 통치사상이 상족의 조상신인 제(帝)를 중심으로 재편되었다.

또한 상왕은 점복을 통하여 제(帝)의 의지를 파악하고 그에 따라 정치를 비롯한 모든 일을 행하였으므로 상왕은 제(帝)의 뜻을 지상에 실현하는 대리인으로 자리매김하였던 것이다.

이렇듯 중국은 상나라 때에 이미 그들의 종교 관념과 정치사상이 형성되었음을 알 수 있는데 여기서 중국인들의 천하사상(天下思想)의 개념이 형성된다.

그것이 서주시대15)에 들어서 더욱 체계화되었던 것이다. 여기에서 '천하의 질서'는 최고신의 의지가 실천된 것이라고 믿었지만, 그 인식 내용에는 상시대와 서주시대에 약간의 차이를 보여주고 있는데 이 부분은 뒤에 다시 설명하기로 한다.

그다음은 중국인의 천하사상(天下思想)의 개념 문제이다. 천

---

13) 상왕조(商王朝) 시대: B.C. 16세기~B.C. 11세기

14) 중화질서(中華質序) 또는 화이질서(華夷質序)

15) 서주(西周)시대: B.C. 11세기~B.C. 771년

16) 『중국역사지리도집(中國歷史地理圖集)』, 중화지도학사출(中華地圖學社出板) 第1冊 pp.15~16.

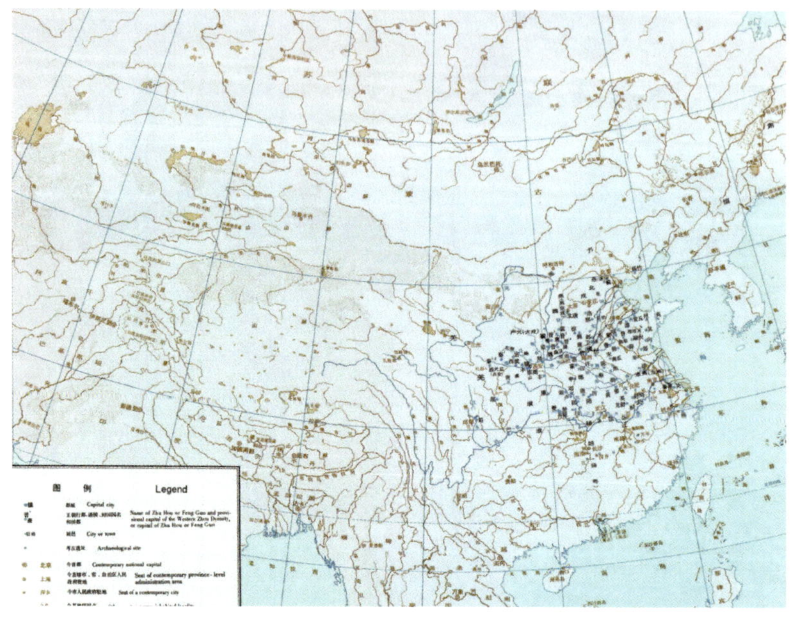

[서주(西周)시대 지도]16)

하란 중국 고대 서주(西周) 시대의 최고신(神)이었던 천(天)의 주재 아래 있는 모든 영역과 그 안에 있는 모든 것, 즉 우주의 공간을 비롯한 지상의 모든 영역 그리고 인간 자체와 그들의 생활영역을 뜻하는 세계관이었다. 따라서 이러한 그들의 세계관이 중국인들의 정치사상의 중심을 이루었다.

문헌의 기록을 유추해 볼 때 고대 중국인들에게 천하사상(天下思想)은 관념적으로 그들의 통치 안의 있어야 할 '국제질서'이자 그들의 통치력이 미치고 있던 국가 질서관이었다고 말한다. 이 천하사상은 1990년대에 들어서서 다시 '화이질서(華夷質

序)'라는 중국식 국제관계이론으로 발전한다.

여기서 '천하'라는 용어는 서주시대에 출현하였는데 그것은 주족(周族)의 수호신이며 당시의 최고신인 천(天)의 의지를 세상에 실현하는 책임자인 천자(天子)가 통치해야 하는 영역을 뜻하게 되며 천하사상은 바로 중국의 통치사상과 국제질서의 핵심이 된다. 따라서 천하사상은 현실적으로는 서주의 통치력이 미치는 영역과 미치지 못한 영역으로 나누어서 생각해야 하겠지만 서주 사람들의 의식 속에는 천하의 모든 땅과 사람은 천자(天子)인 서주왕에 의하여 통치되어아 한다고 생각하고 있었기 때문에 그것을 확연하게 구분하지 못했다. 그렇기 때문에 현실적으로는 서주왕의 통치력이 미치지 않는 영역도 반드시 통치영역 안에 들어와야 하는 당위의 세계로 인식되었다.

이렇듯 중국의 천하사상은 서주시대에 구체화되어 혈연조직을 기초로 한 분봉제가 실시되었고 그것은 종교질서에 반영되어 주나라의 수호신이며 최고신이 된 천(天)을 중점으로 하여 주족(周族)의 조상신들로 구성된 신의 계보가 형성되었다. 그 결과 서주왕은 천자(天子)로 군림할 수가 있었고 주족(周族)은 천하의 지배계층이 되었다. 이어서 천자인 서주왕(西周王)이 살고 있는 경사(京師)는 천하의 중심이라는 뜻에서 중국(中国) 또는 중토(中土)라 하였던 것이다. 그래서 천(天), 천명(天命), 천

CHAPTER 1. 중국인의 체면(面子: 미엔즈)

자(天子), 천하(天下) 등의 용어로 최고신의 대리자[17]가 지상의 질서를 총괄해야 된다고 인식하였던 것이다.

　이러한 중화사상이 현실주의적 사상체계로서 완비된 유가(儒家)와 결합하면서 중국은 세상의 중심이라는 문화적 우월주의를 자연스럽게 갖게 되고, 유가중심국(儒家中心国)인 중국을 중심으로 동서남북의 모든 다른 민족(異族)은 이적(夷狄)[18]이고, 그 이적에는 동이(東夷), 서융(西戎), 남만(南蛮) 등, 즉 중국과 다른 삶의 양식(문화)을 가지고 있는 지역이나 나라 모두가 포함된다. 또한 이적 바깥의 지역은 금수(禽獸)로 간주하였던 것이다.

　이것을 그림으로 그려보자면 아래 [중화질서] 표와 같을 것이다.

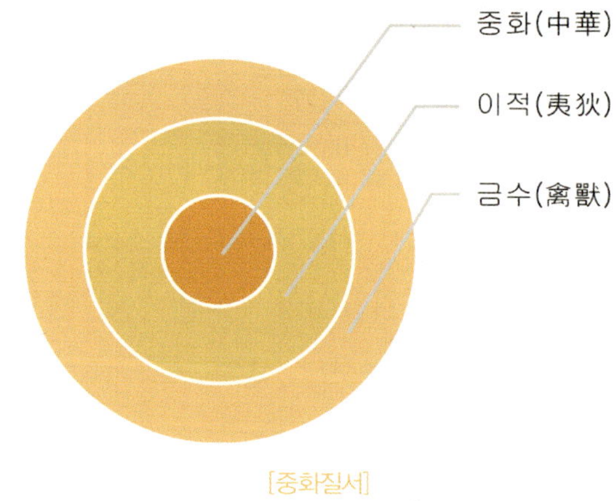

[중화질서]

---

17) 당시 서주왕(西周王)을 지칭 이후에 모든 황제들이 신의 대리자
18) 오랑캐

그래서 중국은 자신들이 정치적으로 영향을 미칠 수 있는 지역에 대해서 반드시 그들의 유가사상과 유가문화의 수용을 요구했고, 또 이민족은 그것에 순응하면서 중국문화를 적극적으로 수용한 것이다.

앞서 말한 것과 같이 종교적 권위를 배경으로 한 정치적 통치질서로서의 '천하사상'은 상나라 때에는 최고신인 제(帝)의 명(命)이 영원불멸한 것으로 믿었으나, 서주시대에 와서는 천(天)의 명(命)도 바뀔 수도 있다고 생각하였다. 이러한 사상적 변화가 춘추전국시대에 이르러 종래의 사회구조가 붕괴함에 따라 사회질서의 종교적 배경에 회의가 일어나면서 새로운 변화를 가져오게 되었다.

중국의 역사시대는 지금으로부터 약 4천 년 전에 노예사회제도의 하왕조(夏朝)[19] · 상왕조(商王朝)[20] · 서주(西周)[21]로 이어진다. 특히, 서주의 봉건제도[22]는 땅을 내어준 주군과 땅을 할당받은 지방 제후들 사이에 서로 책임과 의무를 명시한 철저한 계약관계를 기초로 하였다. 그 내용을 보면, 제후들은 주군에게 조공과 병역을 제공하고 주군은 제후국의 안보를 책임졌다. 특히, 이러한 봉건제도는 노예주 계급의 통치를 공고히 하게 된다. 이러한 내용은 아래 [서주의 봉건제도] 표로 설명할 수 있다.

---

19) 하왕조(夏王朝) 시대: B.C. 21세기~B.C. 16세기
20) 상왕조(商王朝) 시대: B.C. 16세기~B.C. 11세기
21) 서주(西周)시대: B.C. 11세기~B.C. 771년, 지금의 섬서성 '서안'이 수도
22) 주나라에서 시행한 혈연관계를 기초로 영토를 분할해서 통치하는 제도

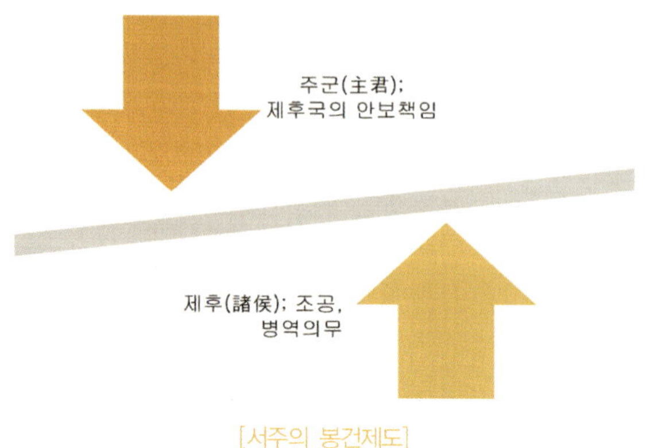

[서주의 봉건제도]

　서주가 기원전 770년에 망하고 동주(東周)23) 시대가 시작되지만 동주는 다시 춘추(春秋)와 전국(全国)24)시대로 갈라진다.

　서주의 봉건제도와 종법적 질서가 붕괴되고 주 왕권이 몰락한 이 시기에 주요한 특징은 먼저, 위로는 제후국들 사이의 끊이지 않는 세력 다툼과 아래로는 노예와 평민, 그리고 신흥 지주 계급 간의 계급투쟁이 격렬했다. 하지만, 제후 국가는 저마다 부국강병과 합종연횡책을 추진하여 역사의 큰 변혁기를 맞이하게 된다.

　전국시대의 최고조 시기에는 140여 개의 제후국이 존재하는데 전국시대 후기에 가서는 진(秦), 연(燕), 제(斉), 초(楚), 한(韓), 위(魏), 조(趙)의 7개 제후국만 남게 된다.

---

23) 지금의 하남성 '낙양'이 수도
24) 춘추전국시대: B.C. 771년~B.C. 221년

이러한 춘추·전국시대에는 기존 신분 질서가 파괴되고, 많은 사상가가 등장하는데 이러한 사상계의 전성시대를 백가쟁명(百家争鳴)시대라고 역사는 부른다.

그중에 특히 대표적인 것들은 오늘날 타이싱 산맥을 중심으로 산의 동쪽에 위치한 산동반도에서는 공자(孔子)와 맹자(孟子)의 유가(儒家)사상이 발원하였고, 타이싱 산맥의 서쪽인 산서지방에서 상앙(商鞅)·한비자(韓非子)의 법가(法家) 사상이, 중국의 남방(南方)은 노자(老子)와 장자(莊子)의 도가(道家) 사상 등이 발전하게 되었다.

이러한 사상이 이후 전개되는 중국 역사에서 아주 큰 영향을 미치게 되는데 중국의 정치사상 및 사회 문화를 이해하는 데 대표적인 키워드가 된다.

또한, 본문에서 말하고자 하는 중국인의 체면 중시 사상의 배경과 역사 발전의 이유 또한 여기에서 찾을 수 있다.

춘추전국의 변혁시대에 패자(霸者)가 되려는 많은 영웅이 등장하면서 무조건 싸움을 할 수는 없는 것이었다. 천자(天子)를 수호(守護)한다는 명분과 국가를 위한다는 명분 등의 구호를 외치며 싸워야 그들이 사회적 합의를 끌어낼 수 있는 것이다. 이러한 역사 발전 과정의 배경에서 알 수 있듯이 여기서 말하는 '명분'이 바로 '체면'이다. 이러한 명분 중시가 바로 체면 중시의 사상으로 이어지게 되는 것이다.

CHAPTER 1. 중국인의 체면(面子: 미엔즈)

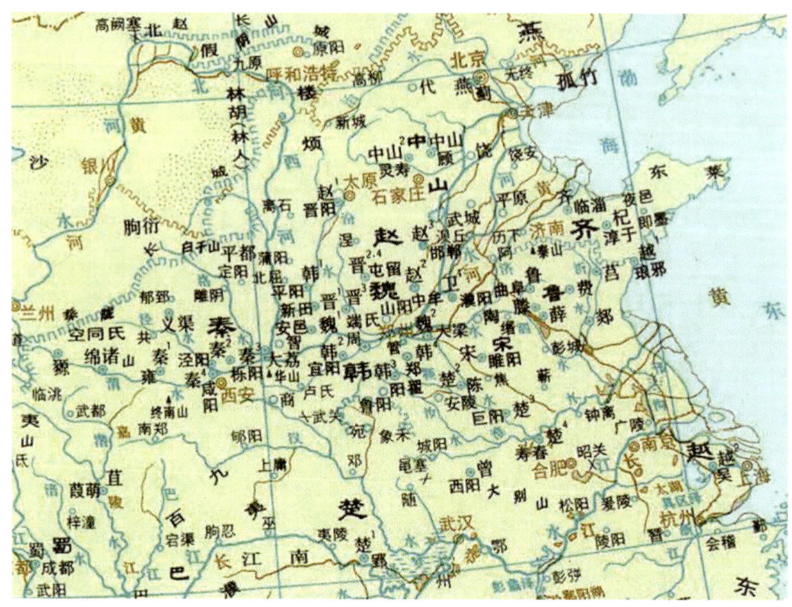

[전국시대(戰國時代)]25)

여기서 우리는 중국 최초의 통일 제국이 출현하기 전의 상황을 살펴보자.

앞에서도 언급했듯이 중국 전국시대에서 140여 개의 제후국들은 서로들끼리 인수 합병을 통해 7개의 나라로 남게 된다. 이들을 전국 7웅(雄)이라고 하는데 기원전 4세기 말에 소진(蘇秦)은 진(秦)을 제외한 다른 6국에게 진(秦)나라 밑에서 꼬리가 되느니 닭의 머리가 되자고 설득하여 연(燕)나라를 필두로 제(齊), 초(楚), 한(韓), 위(魏), 조(趙) 나라를 종(從)적으로 연합시키는

---

25) 『중국역사지리도집(中國歷史地理圖集)』, 중화지도학사출(中華地圖學社出板) 第1冊 pp.33~34.

‘공수동맹’을 만들어 대적하려 한다. 이것이 소위 ‘합종책(合從策)’이라 말하는 것이다.

이에 반하여 위(魏)나라의 장의(張儀)는 강대국인 진나라(秦)를 따라야 살 수 있다는 ‘연횡(連橫)책’을 주장하는데, 진나라(秦)는 6개 나라와 먼저 개별적으로 횡적 동맹을 맺어 소진(蘇秦)의 합종을 무너뜨리고 6국을 차례로 멸한 뒤 통일 제국으로 등장한다.

오늘날에도 자주 등장하는 이러한 ‘합종연횡책’의 ‘허와 실’을 다시 이렇게 풀이할 수 있다.

육류와 달걀을 공급할 수 있는 ‘암탉’이 고기만을 주 아이템으로 하는 ‘돼지’에게 더욱 많은 이익을 창출하기 위해 ‘햄 & 에그’라는 신상품을 만들어 사업을 같이 하자고 제안한다.

이 신 사업은 기본적으로 좋은 생각 같지만, 돼지가 죽어야만 되는 사업인 것이다.

아무튼 전국 시대에 전제적 통치를 지향한 법가(法家) 사상은 새로운 지주계급을 대표하여 중국 최초의 통일 제국 진(秦)나라에 공헌하게 되면서 통일 제국 진나라의 통치의 근간으로 채택되면서 법가 사상은 눈부시게 발전하였다.

그러나 이러한 법가 사상도 신상필벌(信賞必罰)을 잣대로 한 사회 질서 유지에 대한 긍정적인 측면도 인정되지만, 모든 것을 잔혹한 형법(刑法)으로 다스린다는 부정적인 측면과 위협적인 폭정으로 15년을 넘기지 못하고 진제국은 막을 내린다.

중국 최초의 통일 왕조에서 그 정치적 사상 서비스를 오래 하지 못하고, 막을 내린 법가(法家) 사상은 한나라에 들어오면서 도가(道家)에게 자리를 양보하게 된다.

초한전에서 승리한 한 고조 유방은 오래된 전란으로 인해 지쳐 있는 백성들의 피로 회복과 휴식이 국가 최고의 고민이었다. 이러한 정책 일환으로 그는 '무위정치(無爲政治)' 원칙으로 관리들이 백성 생활에 간섭을 덜하게 하는 정책으로 도가(道家)를 장려하였던 것이다. 이유는 도가가 배타적이거나 편향적이지 않았고 모든 것을 포용하는 조화로움과 자유분방함으로 백성을 편하게 해 줄 수 있다고 생각했는데, 법가 사상의 시스템에서 고통스러웠던 백성이 열광하지 않을 이유가 없었다.

또한, 도가(道家)에서 비롯한 학파를 황로학(黃老学)이라고 하는데 이것은 고대 중국의 통치자인 황제(黃帝)와 도가의 이론가라 할 수 있는 노자(老子)를 신봉한다고 하여 황로사상(黃老思想) 또는 황로교(黃老教)라고도 한다.

도가(道家)는 노자(老子)에 의해서 창시되어 장자(莊子)에 의해 완성된 사상으로 도가(道家)들은 자연에 대한 깊은 통찰력에 관심을 보여 왔는데, 노자 사상은 도덕경(道德経)에서 알 수 있듯이 노자가 주장하는 '도(道)'는 우주 만물의 근원으로 인간의 의식을 초월한 실제로 보편·불멸·절대·무한하다고 말한다.

한나라(漢朝) 초기 황실을 중심으로 채택된 도가(道家) 사상이 정치의 중앙 무대에서 쇠퇴하기 시작한 것은 한 왕조 제7대 한 무제 유철에 들어서부터이다.

우리에게도 익숙한 이름인 한 무제(武帝)는 고조선의 한 4군을 설치한 인물인데, 무제(武帝)는 유교를 국가의 통치 이념으로 삼아 황제의 권위를 세우고 통치체제의 기틀을 마련하기 위해서 유교가 가장 이상적이라고 판단한다.

이러한 이유는 진나라의 법가 사상은 그 엄격함이 지나쳐서 실패하고, 선대 황제들의 도가는 규율을 제대로 세울 수가 없었기 때문에 예의와 도덕에 의해 백성을 다스리는 데 유가로써 사상을 통일하고, 군현제에 입각한 중앙집권을 추진하면서 유가를 국가의 통치이념으로 삼는다.

여기서 한 나라는 유가를 국가 통치 이념으로 만드는데 장본인 거유(巨儒) 동중서(董仲舒)를 얘기하지 않을 수 없다. 그는 공맹(孔孟)의 교리에 입각하여 춘추번로(春秋繁露)26)라는 책을 집필한다. 여기서 삼강오상설(三綱五常説)27)을 논하고 이것이 신중국 초기까지도 중국 사회의 기본적 윤리로 존중되어 왔으

---

26) 이 책을 통해 그는 "천인감응설"을 주장. 내용은 자연현상과 사회 현상 사이에는 서로 상관관계가 수립된다고 주장한다는 설. 동중서는 음양가의 이론을 유교에 채용 세상은 모두 음양오행의 규칙에 따른다고 생각했다.

27) 삼강오륜(三綱五倫): 삼강은 군위신강(君爲臣綱)·부위자강(父爲子綱)·부위부강(夫爲婦綱)이며, 오륜은 부자유친(父子有親)·군신유의(君臣有義)·부부유별(夫婦有別)·장유유서(長幼有序)·붕우유신(朋友有信)으로 오상(五常)이라고도 했다.

며, 중국의 문화권인 우리나라도 지금까지도 일상생활에 깊이 뿌리박혀 있는 윤리 도덕이 된 것이다.

여기서 짚고 넘어갈 것이 있는데 신중국은 1949년 10월 1일 건국된 중화인민공화국을 말하며, 1966년부터 1976년까지를 중국에서는 10년 동란(動乱)이라고 하는 문화대혁명을 겪었던 것이다. 이 문화대혁명 때 여러 가지 문화적 파괴가 이루어졌는데, 그중에 유가(儒家)의 부정(否正)과 파괴는 그 상상을 초월한다.

이 시기 때 유가의 삼강오상설(三綱五常説) 또한 '구습타파'라 하여 파괴되었다.

문화대혁명은 본 책의 집필의도가 어긋날 수 있으므로 깊게 다룰 수 없는 현실을 이해해 주기 바란다.

그러나 필자가 경험한 몇 가지 사례는 여러분에게 필요할 것 같아 알려드린다.

문화대혁명의 중심세력인 홍위병(紅衛兵)은 히틀러의 친위대와 같은 성격을 갖는데 모두가 아주 젊은 청년들로 구성되었다는 데 그 특징을 둘 수 있겠다.

중국 최고의 사범대학은 북경사범대학(北京師範大学)인데 필자도 1993년 2월부터 1993년 6월까지 유학의 경험이 있다. 이 사범대학의 홍위병들이 산동성(山東省) 곡부(曲阜)에 있는 공자의 묘에 가서 공자상을 훼손시켰다는 것이다.

독자들이 중국의 유적지에서 유물들이 파손된 것을 자주 볼 수가 있을 것이다. 지금은 일부 수리 및 보수를 해놓기도 했지만 1990년대 초까지만 해도 수없이 많이 파손된 유물을 쉽게 볼 수 있었는데 안타까움을 금할 수가 없다. 하물며 이러할진대 '삼강오상설(三綱五常説)'을 기대한다는 것은 무리가 아닐 수 없다. 물론 중국의 사회주의 환경도 그 힘을 보태 주었다.

문화대혁명이 끝나고도 유가는 중국에서 그리 대접을 받지 못했으나, 21세기 들어서 문화수출 강국으로서 '공자학교'라는 아이콘으로 다시 유가가 살아나는 듯하나 확실히 알아야 할 것은 우리가 생각하는 유가와는 거리가 있다는 것을 밝혀둔다.

이러한 연유에서 여러분이 중국 사람들과 교제들 할 때 유가종주국(儒家從主国)이라는 중국의 환상이 여지없이 깨진다는 것이다.

또한 필자가 아는 분의 이름에는 인(仁) 자(字)가 들어간다. 여기서 인(仁)은 공자가 강조한 인(仁)의 사상이 문제가 된다. 이러한 까닭에 이름에 인(仁) 자(字)가 들어간다는 이유로 이분은 수없는 고초를 당해야 했다.

한중수교 직후에 한국이 유가(중국에서는 儒家라 칭하고, 한국에서는 儒教라 칭한다)를 제일 잘 보존한다고 중국인들이 이구동성으로 말하는 데에는 이유가 있다.

교육이라는 효과는 가히 엄청난 결과를 가져온다고 필자는 생각한다. 그래서 교육백년지대계(教育百年之大計)라 하지 않던가?

중국의 문화대혁명시기에도 교육은 진행되고 있었다. 문제는 소학교 및 중학교에서도 그 교육 내용에 충실하지 못하고 당 중앙(당시에는 모택동을 지칭)의 강령 등이 최우선 교육과제 일진데 하물며 고등교육 기관인 대학은 어떠했는가를 생각해 보아야 한다.

입시 시험은 물론 없고, 교수 및 행정 모두가 홍위병 손에 있었으니 진정한 교육이 존재할 수 있었겠느냐가 문제이다.

필자가 만난 사람의 이야기로는 소학교 출신도 당의 충성심이 높아서 북경대학에 입학해서 공부할 수 있고, 그나마 소학교는 다행이고 그보다 더 교육을 받지 못한 이들도 명문대학의 진학이 공산당의 충성심 잣대 하나로 이루어졌다는 것이다.

중국의 66학번부터 76학번의 대학 생활이 이러했다. 물론 이러한 제도는 77년이 되면서 대학 입시제도가 부활 되어서 다시 활력을 찾게 된다.

독자들에게 참고가 되었으면 한다.

다시 본론으로 들어가서 유가에 대해 이야기를 계속하겠다.

유가 도덕의 기본이 되는 3가지 강령과 사람이 항상 행해야 할 5가지 실천 덕목 '삼강오륜'이라고 하는데 유가에서는 전통적으로 충과 효를 강조했으며, 하늘과 땅을 임금과 신하, 양과 음을 남편과 아내, 봄과 여름을 아버지와 아들에 각각 비유하면서 이를 왕도(王道)와 결부시켜 임금과 신하, 어버이와 자식, 남편과 아내 사이에 마땅히 지켜야 할 도리를 강조 남편에 대한 아내의 순종을 말하고 있다.

이렇듯 삼강(三綱)은 통치기준에 입각한 윤리로 당시의 전제 군주권, 가부장적 부권, 남존여비에 입각한 남편의 절대적 권위 등을 반영하는 군신·부자·부부의 3가지 인간관계에서 상하가 철저한 절대적이고 일방적인 윤리의 성격을 가진다. 오륜도 삼강과 마찬가지로 상하의 수직관계적 질서의 확립과 봉건적 신분질서를 유지하고자 하는 지배층의 통치이념으로 기능했다. 즉 부자·군신·부부·장유의 상명하복 관계는 절대적인 것이었다. 이처럼 유교의 실천윤리들은 봉건적 신분체제를 유지하는 데 이바지했으며, 그 영향은 오늘날까지도 남아 있다.

유가의 핵심 실천 강목으로 삼강오륜은 역대 중국봉건 전제주의통치의 기본이론으로 중국 사회의 도덕 기본 원칙과 규범이다. 봉건 통치 계급의 최고도덕원칙과 관념은 지금도 계속해서 중국인의 국민성에 영향을 주고 있는데 이것이 중국의 사회질서와 인간관계의 작용을 규범화하고 이러한 유가 사상이 이천 년이 넘도록 중국을 지배해 왔다.

중국의 문화를 주도해 온 유가의 핵심을 이야기해 보자.

유가는 삶에 지극히 현실을 중시한다. 유가의 경전인 '논어'는 혼탁한 당시의 시대적 상황에 대해 고민하면서 사람이 세상을 살아가며 현실에서 해야 할 덕목들을 설명한 현실 지향적인 교과서이다.

여기에 대한 실례를 보자.

논어(論語)의 선진(先進) 편에 보면 공자의 제자인 계로(자로)가 공자에게 귀신을 섬기는 것에 대해 묻자(季路問事鬼神) 공자는 사람도 제대로 섬기지 못하는데 어찌 귀신을 섬길 수 있겠느냐(子曰 未能事人 焉能事鬼)고 했고, 자로가 다시 공자에게 죽음에 대해 묻자(敢問死) 공자는 사는 것도 제대로 모르는데 죽음을 어찌 알겠느냐(子曰 未知生 焉知死)고 대답했다.

이것은 세상을 살아가는 동안 '어떻게 살아갈 것인가?'에 대하여 힘쓰고 살아야 한다는 것이다.

유가는 생활의 안정과 평형을 유지하기 위해서 당연히 주요 관심사는 '현실문제'였다. 그래서 유가에서는 입신양명(立身揚名)이라 하여 이름을 떨치는 것을 인생 최고의 성공으로 가치를 두고 자신의 이름은 물론 조상의 이름까지 드높이도록 권장한다.

앞에서도 강조했듯이 '명의(名義)', '명분(名分)'이라는 키워드가 등장한다. 이름(名)이라는 것은 추상적인 성격을 가진 반면 중국인들은 보다 실제적인 성격의 또 다른 이름을 사람의 육체를 대표 할 수 있는 신체의 한 부분에서 찾았는데 이것이 얼굴이고, 이 얼굴이 육체의 실질적인 이름이 된 것이다. 중국어로 얼굴을 '면자(面子)'라고 하고 이것을 해석하면 '체면'이라고 말한다.

체면의 실제적인 활용은 사람과의 관계(関系: 이 부분은 다음

장에서 설명)에서 이루어진다.

사람이 세상에 살면서, 크게 두 가지의 관계를 잘 처리해야 한다.

하나는 사람과 자연의 관계이고, 하나는 사람과 사람의 관계이다.

중국인은 사람과 사람의 관계를 가장 중요시하게 본다. 적어도 세상을 조금이라도 아는 중국인이라면 그 능력의 크고 작음보다, 학벌의 높고 낮음보다, 더욱더 중요한 것은 사람과 사람의 관계라 할 것이다. 중국인들은 사람관계를 제대로 하지 않으면, 그 어떠한 인연도 좋아질 수 없고, 사회생활에서 지속성을 가질 수 없다는 것을 알고 있다.

이렇듯 체면을 중시하는 까닭에 '후안무치(厚顔無恥)'라는 말이 생긴 것이다. 얼굴을 제대로 다스리지 못해 체면을 닦지 못한 사람을 말하는 것으로서, 실제로 고대 중국에서는 그런 사람에게 얼굴 가죽을 벗기는 형벌을 가했다. 이처럼 얼굴은 신체를 대표하는 상징임으로 얼굴(미엔즈 '面子') 그 자체를 체면(体面)이라고 표현한다.

이 체면은 상대방과 마주하기 위해서 필요한 것이다. 체면은 상대적인 것이어서 상대방을 높여서 나를 높이는 것이다.

상대방을 높이는 것은 존경하는 것인데 맹자의 말을 빌리자면 "사회적으로 지위가 높고, 나이가 많고, 덕행이 있는 사람의

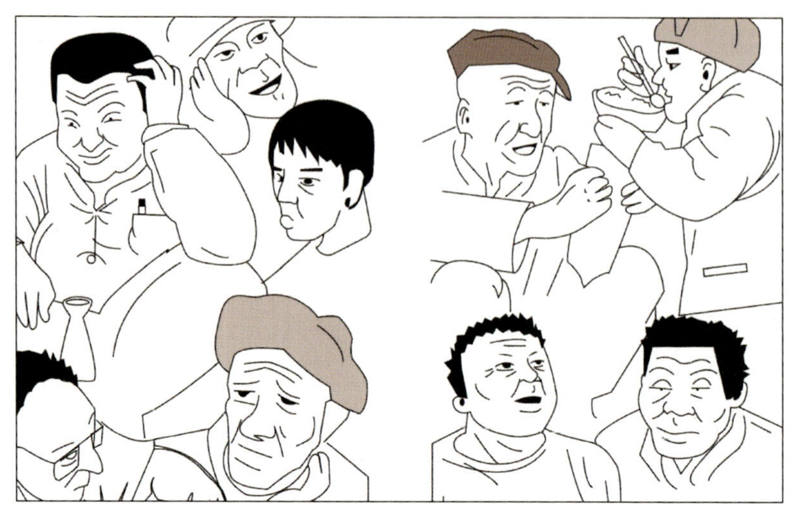

[중국인의 여러 가지 얼굴]

순으로 존경해야 한다"고 한다.

'사회적 지위'를 크게 부(富)와 귀(貴)로 나눌 때 부(富)는 경제적인 여유를 말하고, 귀(貴)는 관직을 의미한다. 이렇게 놓고 볼 때 부와 귀를 동시에 가진 사람이 있는가 하면 어느 한쪽이 없을 수도 있는데 여기서 "'부'보다는 '귀'가 앞선다"는 것이다.

본래의 사회주의의 계획경제에서 쓴맛을 보게 된 중국은 중국 특색의 사회주의 시장주의를 구축하는 데 말이 생소해서 그렇지 시장논리의 자본주의와 크게 다를 것이 없다.

이렇게 놓고 볼 때 중국인에게 있어서 부(富)와 귀(貴)에 대한 개념이 달라져야 할 법도 한데 그렇지 않다는 것이다.

한국에서 기업(企業)이라는 것은 중국에서는 공사(公司)라는 말로 많이 쓰고 있는데 지금은 두 가지를 다 같이 혼용한다. 또한 대기업 등 소위 말하는 '재벌그룹'이라는 단어를 중국에서는 '집단(集团)'이라는 표현을 한다. 역시 중국다운 표현 방법이다.

이러한 중국에서의 기업은 크게 세 가지로 분류할 수 있는데 먼저 국가가 직접 투자 관리하는 '국영공사(国营公社)'와 순수 민간 자본의 민간 기업, 그리고 외국 자본의 외자기업(外资企業)과 외투기업(外投企業)이 있다.

이러한 기업들은 모두가 각 성(省), 시(市) 그리고 회사 소재지의 구(区) 또는 현(県)이 지역 공산당 경제 위원회의 시노와 감찰을 받게 되어 있다.

필자의 중국인 대학 후배는 대학과 대학원을 졸업 후에 모지방의 시위원회의 영도자(領導者)28) 아래에서 근무하다 비교적 젊은 나이인 30대 초반에 구(区) 경제 위원회의 부책임자가 되었다. 하루는 후배 관할 구내의 기업들과 필자와 자리를 같이할 기회가 있었는데 기업체의 장(長)들이 후배에게 아주 깍듯한 예의를 갖추는 것을 경험하게 되었다.

아직도 역시 귀(貴)가 부(富)보다 앞선다는 말이다.

앞에서 소개했듯이 중국사람 소통의 키워드 '체면' 문제는 중국인의 많은 것을 결정한다. 예를 들면 사람을 소개할 때도 소개하는 사람의 기본 이력은 물론 사회적인 경력도 아주 소상하

---

28) 일반적으로 각 기관의 기관장을 일컫는다. 최고의 책임자를 말한다.

게 설명하는 경향이 많다. 물론 상대방의 체면을 세우기 위함이다. 이러한 '체면 세우기' 공정(工程)이 없이 간단한 인사만 한다면 쌍방의 인간관계가 거리가 있다는 것이 된다.

중국의 일상생활에서 체면에 관한 단어는 여느 나라보다 많이 사용되고 있음을 그들의 언어를 통해서 알 수 있다.

중국의 체면 종류를 정리하면 다음과 같다.

먼저, 체면이 있는 상태를 '요우미엔즈(有面子: 유면자)'라고 해서 기본적 체면이 있는 상태를 말한다.

두 번째로, 체면이 없는 상태를 '메이미엔즈(沒面子: 몰면자)' 우리식 표현으로 면목이 없는 상태를 말한다.

세 번째로, 체면 차리는 것을 '쭈어미엔즈(做面子: 주면자)'로 체면을 만들어 차리는 것을 말한다.

네 번째로, 상대방의 체면을 세워주는 것을 '게이미엔즈(給面子: 급면자)'라고 하는데 인간관계에서 상대방의 체면을 먼저 세워야 함은 매우 중요한 덕목이다.

마지막으로 '마이미엔즈(売面子: 매면자)', 즉 체면을 판다는 뜻인데 다른 사람의 체면을 빌려서 부탁하는 것을 말한다. 체면은 영향력이 미치는 것이기 때문에 빌려 쓸 수 있어야 하며 이러한 일이 중국 사회에서는 일상사이다.

CHAPTER 2

중국인의 인간관계
(關系: 꽌시)

앞장에서 설명했듯이 서로 상대방의 체면이 서게 되면 자연스럽게 인간관계[1]로 발전된다.

중국 속담에 '사람이 강호(세상)에 있으면 내 몸은 이미 내 것이 아니다(人在江湖,[2] 身不由己)'라는 말이 있다. 이 말은 대만 무협지의 최고봉이자 베스트셀러 작가 김용의 무협지에서 많이 사용된다. 고대 중국의 한족(漢族)은 인간관계, 즉 사람(人)의 역할인 정치, 도덕, 윤리 관계 속에서 개인은 군중 속에서의 나, 즉 대인관계 속에서의 나를 중심으로 군체(群体)를 구성하는 하나의 구성원으로 간주했다. 다시 말하면 개인보다 어느 한 군체의 구성원으로서 역할이 더 중요시되었다는 것이다.

개인의 속한 그러한 군체를 중국에서는 '가(家)'의 개념으로

---

1) 인간관계, 연고, 關系=矣系
2) 강호(江湖)라는 뜻은 협객들이 무공을 다투는 '무림'을 말하는 것으로 실질적으로는 세상을 지칭한다.

정리한다.

중국어에서 자기(집) 사람을 쯔자런(自家人: 자가인)이라 말하고, 다른 사람은 런자(人家: 인가), 모든 사람을 가리킬 때 따자(大家: 대가), 사람을 만나 인사할 때도 김씨 집 사람이냐(金家), 이씨 집 사람이냐(李家)를 말하고, 하는 일에 따라 정치가(政治家)다, 소설가(小説家)다를 말하고, 유교를 유가(儒家), 불교를 불가(仏家)로 하며, 하물며 나라 또한 국가(国家)라고 하듯이 모든 것을 집(家: 가)을 분모로 하여 나눈다.

집(家: 가)이 군체 개념의 핵심이며, '꽌시'의 기본 코드이다. 그렇다면 집의 구성원은 어떻게 이루어지는가?
어떻게 하여야만 '쯔자런(自家人: 자가인)'이 될 수 있는가?

일반적으로 가족의 구성원은 혈연(피는 물보다 진하다: 血浓于水)을 중심으로 한 종법(宗法)적 질서 관계, 즉 가장인 부모와 형제자매로 구성한 것이 기본이다.

그러나 이러한 부분은 또다시 인위적인 혈연관계를 맺어 특수한 관계로 발전시키기도 한다.

중국 사람들의 인위적인 혈연관계란 수양관계를 통해서 가족 같은 구성원으로 관계를 재편성하는 것이다. 이러한 인위적 수양관계에는 수직적 관계와 수평관계로 나눌 수 있다.

먼저 인위적 수직관계라는 것은 수양부모 또는 수양 자녀로 정리하는 것이다.

여기에 대한 표현 방법으로 앞에서 '깐(乾: 건)'이라는 단어를 사용하는데 여기서 건(乾)이라는 것은 '아무것도 없다'는 뜻이다.

예컨대 중국에서 수양딸을 '깐뉘얼(乾女兒: 건여아)'이라 하는 것은 피가 안 섞였지만 여식으로 인정한다는 뜻이다.

물론 술좌석에서 자주 사용하는 깐빠이(乾杯: 건배)라는 말은 바로 '술잔을 말린다'는 뜻으로 「잔을 비운다」는 의미로 주로 원 샷을 할 때 혹은 가까운 사이에서 상용되는 말이다.

두 번째로 인위적인 수평관계는 의형제(兄弟)를 맺는 것이다.

여기에 대표적인 것이 삼국지에서 유비가 관우와 장비와 더불어 의형제를 맺는 도원결의(桃園結義)가 바로 그것이다.

[도원결의(桃園結義) 이미지]

먼저 중국 특색의 인간관계 발전의 단계를 살펴보자.

중국 문화의 유전자는 유가(儒家)다. 사회질서는 유가의 엄격한 행동규범 아래 이루어진다.

즉, 유가는 계급 질서에 의해서 유지되는 것이다.

이러한 유가 사상의 중심 키워드는 '예(禮)'에 있다.

사회질서로서의 유가는 개인 또는 개인의 권리가 아무리 중요하더라도 사회의 기본단위는 씨족(가족)인 것이다. 그러한 까닭으로 개인주의를 용납할 수 없다.

이렇듯 사회의 기본단위가 가족인 까닭에 모든 인간관계가 가족 호칭에서 나온다.

그러면 그 내용을 한번 살펴보자.

평요우(朋友: 붕우)를 만드는 것은 모든 인간관계의 우선이다.

중국 속어에 '먼저 친구를 만든 후에 비즈니스를 한다(先做朋友 後做生意)'는 말에서 알 수 있듯이 친구를 만드는 것은 매우 중요하다.

중국인들이 흔히 하는 말 중에 '모두가 친구(大家都朋友)'란 말이 있다.

친구라는 관계를 인간관계의 시발점으로 보는데 여기에는 발전되는 과정이 있다.

즉, 친구란 평범한 친구인 평요우(朋友)에서→좋은 친구인 하오 펑요우(好朋友)→오래된 친구인 라오 펑요우(老朋友) 순으로 발전한다.

친구에서 한 단계 격상되면 형제(兄弟) 관계로 발전한다. 가까운 친구 사이를 '우리는 형제(我們是朋友)'라는 말을 자주 하는 이유가 여기에 있다.

또한 동년배의 오래된 친구 사이를 '꺼멀(哥們)'이라고 하고, 이 '꺼멀(哥們)'보다 더 깊은 의리로 뭉쳐진 아주 가까운 친구 사이를 '티에꺼멀(鉄哥們)'이라 하여 그야말로 '철처럼 단단한 관계'를 말한다.

중국에서 이러한 친구관계가 형성되면 아홉 글자(9个字)로 규범(規矩)을 말하는데, '도의를 지키고(守道义), 의리를 말하고(讲义气), 감정을 중시한다(重感情)'를 강조한다.

중국의 이러한 '꽌시(関系)' 문화는 충분한 역사적 사실이 이유가 되고 있음을 알 수 있다.

우리가 간과해서 안 되는 것은 중국에 전란이 매우 많았다는 사실인데 중국 사회에서는 동족(同族)과 이족(異族), 동향 집단과 타향 집단 사이의 싸움이 잦았다.

서북방의 오랑캐(夷) 침략으로 한족(漢族)의 대거 남하(南下) 사실과 중앙 왕권과 지방 권력 간의 지속적인 전쟁 등이 바로 구 사실을 말해 주고 있다.

중국인에게 전란은 일상사였다. 중국사회의 꽌시(関系) 문화는 이러한 배경을 통해 필요불가결한 것이었다. 전란의 와중에서 목숨을 부지하기 위해서는 혈연과 동향끼리의 연대가 필요했고, 이는 나아가 좀 더 큰 집단 간의 유대로 이어져야 했다.

중국문화에는 이렇듯 전란과 왕권의 수탈로 인해 벌어졌던 한족과 이족 간의 '융합', 그 과정에서 빈발했던 작은 집단끼리의 '경쟁'이 공존한다. 전자는 여러 민족과 문화를 한곳에 녹여 보다 다양하고 세련된 문화를 생산하는 데 일조했다.

그래서 중국 사람들의 '꽌시(関系)'의 중시는 가히 알아줄 만하다. 그들은 열심히 일하면서도 성패를 좌우하는 것은 '꽌시'라고 본다.

그래서 좋은 '꽌시'를 가지기 위해 끊임없이 관계를 엮으려(拉関係: 납관계) 노력한다. 마치 거미줄처럼 망을 형성하는 것을 꽌시왕(関係網: 관계망)이라고 하는데 성공하는 대부분의 사람은 이러한 꽌시왕이 크게 형성되어 있다.

일단 꽌시왕(関係網: 관계망)에 든 사람은 내 사람(自家人)이 된다. 그러나 「내 사람」이 아니면 「남」이 된다. 중국인에게 내 사람과 아닌 사람(他人: 타인)의 구별은 매우 강하다. 이러한 사실은 중국어에서도 찾아볼 수가 있다. '괜찮아'라는 의미의 메이 꽌시(沒関係: 몰관계)인데 이 말은 다시 해석하면 나와 관계가 없으니 괜찮다는 것이다.

필자는 '꽌시'가 상대방에 대한 상당한 검증을 단계를 통해서 이루어지는 것이므로 상대에 대한 '신용'은 절대적인 것이다. 또한 이러한 중국인의 인간관계의 형성이 대부분이 인위적 혈연관계 – 인위적 씨족관계, 혹은 가족 관계-를 통해서 이루어진다는 것을 다시 한 번 강조하고 싶다.

[중국인의 인간관계(關系) 가상도]

손님접대(請客: 칭커)와 각 지방의 음식문화

중국 사람들은 대단히 현실을 중시하는 민족이라고 앞서 설명하였다.

중국의 역사서 중 하나인 『한서(漢書)』에 보면 이러한 사실을 다시 한 번 확인할 수가 있다.

'백성들의 하늘은 왕이 아니라 식량(民以食爲天)'이라고 백성들에게 제일 중요한 것은 먹을 것이라는 현실을 중시하는 중국 사람들의 문제는 늘 생활의 중심에 있다.

그렇다면 중국 현대사를 다시 한 번 살펴보면서 이번 장을 풀어 보기로 하자.

1949년 10월 1일에 중화인민공화국이 건국되면서 중국은 계획경제를 실시한다.

1953년에 중국 공산당은 '양식 총괄 구매·소비에 관한 결의'

를 발표하면서 곡류를 살 때에는 양표(粮票), 고기를 살 때에는
육표(肉票), 식용유1)를 살 때는 유표(油票), 직물을 살 때는 포
표(布票)가 필요했다. 이러한 양표는 생필품 판매처인 양점(粮
店)에서 호구별로 각종 표를 나눠줬다. 주말과 월말에 양표가
발급되는 날에는 길게 줄을 선 모습은 사회주의 중국인 모습이
었다.

전국적으로 단일 가격이었던 양표는 1985년 지역 양식기관이
확보한 물자 재고량에 따라 유동 가격제로 바뀐다. 지역마다 가

[양표(粮票)]

[양표(粮票) 배급을 기다리며 길게 줄을 선 모습]

격 차가 나면서 양표가 화폐 기능도 갖게 된다. 개혁개방 조치로 물자 생산이 급증하면서 물물교환에 나서는 사람들이 많아졌다. 화폐처럼 쓰였던 양표 유통도 급증했다.

1993년 중국식 사회주의 시장경제가 자리 잡으면서 계획경제의 대명사였던 양표는 폐지됐다.

이렇듯 신중국이 건국 후에 제일 먼저 먹을거리를 서두른 이유를 우리는 쉽게 알 수 있다. 그만큼 먹는 것은 중국인에게 상당히 중요한 부분을 차지하고 있는 것이다.

그러면 다시 본문의 내용으로 들어가 보자.

체면이 서고 관계가 형성되면 그다음은 식사 초대2)로 이어진다.

---

2) 초대, 접대 등 식사 초대를 지칭한다.

　중국의 음식 문화에서 식사 초대는 최고의 호의이므로 반드시 받아들여야 하는 것이 예의이며, 식사 초대에 참석할 때 자리 배석 등의 모든 일정을 주인의 안내에 따르는 것이 예의이다. 물론 초대에 응할 때에는 반드시 주인에게 감사 표시를 해야 하는 것도 잊지 말아야 한다.

　중국 사람은 '술과 담배는 집을 나누지 않는다(烟酒不分家)'라는 말을 자주 한다. 이 말은 '술과 담배는 네 것 내 것이 없다'라는 뜻이다. 식사 초대에서 접하게 되는 것이 음주 흡연 문화인데 우리나라와 많이 다른 부분의 하나가 음주 문화와 흡연에 관한 것이다.

　먼저 음주에 관한 문화를 살펴보면 술잔이 조금만 비워도 잔을 채워주는 습관이 있는데 첨잔을 싫어하는 우리나라와는 다르니 그만 마시고 싶으면 잔을 엎어 놓아서 의사를 명확히 하는 것이 좋다. 물론, 우리나라처럼 잔을 돌리는 습관이 없다.

　중국에 있어서 일반적으로 담배는 서로의 대화와 인사의 매개물로서 중요한 교제의 수단이며 초면에도 자연스레 담배를 권하며 이야기를 나누므로 비흡연자라도 예의상 상대방이 권하는 담배는 받는다. 담배를 돌려 피움으로써 공유감과 소속감을 같이 하려는 중국인의 문화이다. 물론 예외는 있지만 중국속어에 '입향수속(入鄕隨俗: 어느 고장에 가면 그 고장의 풍속을 따른다)'3)이라는 말을 참고하면 좋을 듯싶다.

다음은 초대에 관한 사항을 살펴보자. 중국의 식당은 모두 입식 문화이고 원형 테이블이며 자리 배치는 초대자의 안내에 따르는데 출입문을 정면으로 바라보는 안쪽 좌석이 초청자의 자리이고 그 양옆으로 초대자들이 자리 하는데 출입문에 가까운 자리일수록 하위 자리이다. 대체로 식사시간은 2~3시간 정도 소요된다.

음식은 차가운 음식부터 더운 음식 순으로 나오고, 각각의 요리는 식당 종업원(服務員: 복무원)이 설명해주는 경우가 많다. 중국인의 식사문화는 술과 요리를 즐기면서 교제를 하는 것이

---

3) 의역하면 '로마에 가면 로마의 법을 따르라'는 뜻

CHAPTER 3. 손님접대(淸客: 칭커)와 각 지방의 음식문화

므로 밥이나 면 등의 주식은 제일 나중에 나오는 것이 원칙이지
만, 상황에 따라 미리 주문할 수도 있다.

또한 음식을 먹을 때는 꼭 공용 수저나 젓가락을 사용하여 자
기 접시에 덜어놓고 자기 젓가락과 수저를 사용하고 약간 남기
는 것이 예의다. 특별한 경우에는 음식이 상에 오른 후에 초청
자가 주변 사람의 접시에 떠주기도 하는데(讓菜) 떠주기 전에
먼저 음식에 손이 가지 않도록 음식은 천천히 즐긴다.

여기서 중국 음식에 대해 알아보자.

먼저 아침에 주로 먹는 음식으로 콩으로 만든 콩국인 또우장
(豆酱)과 밀가루 반죽을 길게 해서 기름에 바짝 튀겨내는 요우
타오(油条)와 밀가루 반죽을 넓게 해서 기름에 바짝 튀겨내는
요우빙(油饼), 밀가루 빵을 얇고 넓적하게 만들어 화로에서 구
워낸 샤오빙(烧饼), 밀가루 반죽을 프라이팬에 얇게 붙이고 계
란에 파를 넣고 같이 부치는 지단빙(鸡蛋饼) 등은 중국 사람들
의 보편적인 아침 주식이다.

이러한 음식은 지방별로 특징을 가지고 있다.

중국 북방의 음식은 대체적으로 짜고 밀가루로 만든 음식을 주
식으로 삼는데 그 종류를 살펴보면 각종 만두(물만두와 찐만두,
속없는 만두, 튀긴 만두)와 유명한 소고기면(뉴로우미엔: 牛肉
麵)이 모두 북방 음식이다.

[중국의 지역 구분 전도]

이에 반해 남방 음식은 쌀을 주식으로 삼고, 특히 화동(華東) 지역을 중심으로 하는 남방 요리는 전체적으로 단맛을 위주로 하되 음식 모양에 각별히 신경을 많이 쓴다.

화동(華東) 지역은 상하이를 포함한 강소성(江蘇省)·절강성(浙江省)을 말하는데 이 지역은 바다와 양자강(楊子江), 서호(西湖)·태호(太湖) 등 대형 호수, 평원을 끼고 있어 예로부터 생선과 쌀이 매우 풍부하다는 의미의 '어미지향(魚米之鄕)'이라 불렸다.

이곳은 중국 4대 요리의 하나로 알려진 회양채(淮揚菜)가 있는데 청나라 건륭황제(建龍黃帝)가 강남지역을 순시할 때 이곳

CHAPTER 3. 손님접대(淸客: 칭커)와 각 지방의 음식문화

음식이 마음에 든다고 해서 요리사를 황궁에 데려와 회양채를 즐겼다고 전해진다.

화동(華東)의 요리는 물산이 풍부하면서 역사적 인물들과 요리에 얽힌 에피소드도 많다.

여기서 그 한 가지를 소개하고자 한다. 중국 송나라 시대의 유명한 문인 소동파(蘇東坡)가 황주(黃州)에서 관직 생활을 할 때의 일이다. 소동파는 돼지고기를 쪄서 먹는 것을 즐겼다. 하루는 음식을 만들고 있는데 옛 친구가 찾아와서 같이 바둑을 두게 되었다. 이때 요리는 불 위에서 계속해서 데워지고 있었는데 바둑 삼매경에 빠진 이들이 이 사실을 의식 할 턱이 없었다. 이렇게 해서 만들어진 것이 바로 동포우로우(東坡肉: 동파육)인 것이다.

나중에 남송(南宋)의 수도인 항저우(杭州: 항주)로 확산되어 항주의 유명한 음식이 되었다.

동포우로우(東坡肉: 동파육)는 두껍게 썬 돼지삼겹살에 간장·초·술 등을 넣고 8시간 이상 삶아낸다.

또한 화동 지역은 쌀이 많이 생산되어서 쌀로 만든 소흥주(紹興酒)(중국 현대 문학의 대가 루쉰(魯迅)이 즐겼다고 한다)가 유명하고, 진강초(鎮江醋)와 황제에게 진상될 정도로 품질좋은 용정차(龍井茶)가 매우 유명하다. 화동 지역의 요리는 전체적으로 재료가 다양하며 요리의 색상이 화려하다. 화동 지역의 요리는 찜과 중탕(燉)을 많이 만들어내는 특색이 있다.

[규화계(叫化鷄)]

강소성(江蘇省)의 쑤저우(蘇州: 소주) 요리는 재료를 우려낸 소스를 많이 쓰는데, 물이 거의 들어 있지 않은 원탕(原湯)으로 요리의 맛을 내는 특징이 있다.

또한, 화동지역 요리를 대표적인 요리인 금화화퇴(金華火腿)는 돼지 다리 고기를 절여서 만든 음식이고, 화동 지역 거지들이 동냥해서 얻어온 닭고기를 조리기구가 없어서 흙을 겉에 발라 구워서 만들어 먹었다는 데서 유래된 닭요리인 '규화계(叫化鷄)'도 대표적인 요리이다.

푸젠 성 사람들은 태평면(太平麵)이라고 하는 면을 즐겨먹는데 푸저우(福州: 복주) 사람들이 잘 쓰는 말 중에 "난세(乱世)의 사람으로 살기 보다는 차라리 태평성세의 개가 되어 살고 싶다"

[동포우로우(東坡肉: 동파육)]

라고 할 정도로 푸젠 성 사람들의 생활은 고난의 연속이었다.

푸젠 성 사람들이 즐겨 먹는 태평면(太平麵)에서도 그들의 삶을 엿볼 수가 있다.

태평면(太平麵) 특징은 삶은 오리알을 면 위에 얹어 놓는데, 귀한 친척이나 친구에게는 누터운 정을 표시하기 위해 오리알 두 개를 얹는다.

[태평면(太平麵)]

여기서 오리알은 중국어로 야단(鴨蛋: 압단)이라고 하는데, 이 '야단'은 복주(福州) 말로 압란(圧乱: 난을 진압한다)이라고 하는 발음과 비슷하여 난세에 대한 저항과 생존을 추구하는 복건성 사람들의 심리를 반영하는 음식이다. 이를테면 난세를 누르는 오리알과 태평성세를 바라는 그들의 소망이 '태평면(太平麵)'에 그대로 농축된 것이다.

이렇듯 푸젠 성은 농경 생활의 기후 조건이 좋지 않아 예부터 화동지역에 공급하는 수공업 제품의 생산기지가 돼 왔으며 대다수의 사람들은 자신의 손재주에 의지해 살아가야 했기에 요리사와 이발사, 재단사를 많이 배출했다.

푸젠 성은 산지와 구릉지가 전체 면적의 70% 이상을 차지하며 바다에 인접하고 있기에 다양한 요리를 만들어 낼 수 있는 입지조건이 형성되어 있다. 이러한 까닭에 푸젠 성의 요리를 중국 8대 요리 중에 하나인 '민채(閩彩)'라고 부른다.

민채의 특징은 탕을 매우 중요시하는데 '탕이 없으면 안 된다(無湯不行)' 혹은 '한 가지 탕으로 열 가지 맛을 낼 수 있다(一湯十変)'는 말에서 알 수 있다.

특히 불도장(仏跳牆)은 그 대표적인 요리이다.

불도장의 기원에는 다양한 설이 있으나 그중 한 가지를 소개한다.

청나라 광서(光緒) 2년(1876년)에 푸저우의 관리가 집에서 손

님을 대접하기 위해 닭과 오리, 돼지고기 등 20가지에 달하는
재료를 준비하고 소흥주(紹興酒)를 더한 다음, 그것을 항아리에

[불도장(佛跳牆)]

삶은 고기 요리가 시초라고 한다.

손님으로 당시 초대된 행정관리 주연(周蓮)과 동행하였던 요리사 정춘발(鄭春発)이라는 사람이 이 맛에 반하여 스스로 연구 개량하였는데, 해삼·샥스핀·돼지 뒷다리·전복 등 20여 종의 주재료에다 10여 종의 부재료에 육수와 소흥주를 넣고 약한 불에 서너 시간 끓여내는 요리로 발전시켰다.

그 이듬해인 1877년에 정춘발은 복주(福州) 시내에 '취춘원채관(聚春園菜館)'이라는 식당을 열고 개량을 계속해서 식객들 사이에 유명해지게 되었다. 그 후 손님 중에 이떤 문인이 아직 음식에 정식명칭이 없던 것을 알고 "항아리 뚜껑을 열면 특별한 향기가 사방의 이웃에 떠돌아서, 참선(禅)을 한 불자도 담을 넘어오겠네(壜啓葷香飄四鄰, 仏聞棄禅跳墻來)"라고 극찬하는 데서 '불도장'이라는 이름이 유래되었다고 한다.

복건성(푸젠 성) 대표적인 조미료는 요리에 홍조(紅糟)와 하유(蝦油)가 있는데 홍조는 찹쌀을 쪄서 누룩의 일종인 홍국(紅麴)과 백국(白麴)을 섞어 항아리에 담아 한 달 정도 지난 후 체로 걸러 만드는데 주로 육류인 돼지·닭·오리고기와 생선·장어 등을 조리할 때 쓴다. 하유는 새우로 만든 액젓으로, 간을 맞추는 데 사용한다.

복건성 요리의 특징인 연피(燕皮)라는 것은 신선한 순살 돼지

65

고기에 녹말가루를 더하여 짓이긴 뒤 눌러서 종잇장처럼 얇게 펴서 햇볕에 건조하여 고급요리에 사용한다. 한국의 어묵같이 생선을 갈아서 둥글게 만든 어환(魚丸)도 복건성에서 나온 요리이다.

다음은 광둥 성(広東省: 광동성) 요리에 대해 살펴보자.

'모든 음식은 광주에 있다(食在広州)'란 말이 있듯이 광둥 음식은 중국의 4대 요리 가운데 하나로 손꼽힌다. 광둥 성은 중국 5대 하천의 하나인 주강(珠江)을 끼고 있으며 산지와 함께 기다란 해안선이 발달한 아열대 고온다습의 기후인 까닭에 물산이 풍부하다.

'다리 달린 것은 책상과 걸상만 빼고 다 먹는다'는 광둥 사람의 말에서 알 수 있듯이 먹을거리에 제한을 두지 않는 음식 사랑과 기이한 것을 찾아 이를 응용해서 만든 온갖 요리가 발달하였고, 가히 엽기적이다.

또한, 광둥 요리의 특징은 재료의 원래 맛과 색깔을 최대한 살려내는 데 있다고 할 수 있다.

그럼 광둥 요리를 살펴보기로 하자.

눈에 띄는 뱀 요리는 보신에 효과가 있어서인지 다양한 모습으로 광둥 사람들이 즐기고 있다. 뱀 요리 중에서 '용호투(龍虎鬪)'라는 요리를 최고로 치는데 이것은 뱀과 줄머리사향삵을 함께 삶아서 만드는 요리인데 요즘은 줄머리사향삵(花面狸)4)이 워낙 구하기 어려운 동물이라 이를 고양이로 대체하여 요리를

---

4) 여기서 삵(狸)은 너구리, 살쾡이, 단비 등을 말한다.

만들기도 한다.

또한, 이 지역은 주강 삼각주와 남중국해에서 건져내는 해산물 요리도 풍부하다. 그러기에 상어 지느러미 요리부터 전복과 자라를 비롯한 각종 생선 요리가 유명하다.

광둥 사람들의 대표적인 식생활로 '얌차(飮茶: 음차)'라고 하는 것이 있는데, 아침과 점심 사이에 차를 마시면서 국수와 죽을 비롯해 조그맣게 간식용으로 만든 딤섬(点心: 점심)을 먹는 습관을 말한다.

광둥 성의 죽을 차오저우(潮州: 조주)라고 하는데, 흰죽을 비롯해 돼지고기와 쇠고기, 삭힌 오리알 등을 넣고 만든 죽 등 여러 가지 죽이 있다.

그 밖에 대표적인 요리로 새끼돼지(乳猪)를 통째로 굽는 요리가 있고 오리와 거위 등을 통째로 굽는 바비큐 요리도 한몫을 한다. 닭, 오리, 거위 등의 발바닥 요리도 이곳의 대표적인 요리이다.

광둥 성의 유별난 요리인 원숭이 골 요리는 산 원숭이를 탁자에 잡아둔 채 뜨거운 물을 원숭이 머리 속에 부어가며 골을 꺼내 먹는 것을 말한다.

이 엽기적인 음식은 청(淸)나라 초기 당시 점령군이었던 여진

CHAPTER 3. 손님접대(淸客: 칭커)와 각 지방의 음식문화

족이 아직 전국 통일을 하지 아직 못했던 시기에 남방의 광둥 성에서 반란을 일으킨 오삼계(吳三桂) 왕이 부하장수에게 위엄을 과시하기 위해 원숭이 요리를 먹었다고 하는 데서 유래한다.

쓰촨 성(四川省: 사천성)과 후난 성(湖南省: 호남성) 이 두 지역 모두 매운맛 요리의 정통이라고 자부한다.

사천성은 강력한 향신료를 사용한 '마라(麻辣)'가 유명하고 호남성은 고추를 사용해 매운맛을 내는 특징이 있다.

사천(四川)성 요리는 중국의 4대 요리로 다른 말로는 천채(川菜)라고 한다.

이 지역은 중국의 서남쪽 양쯔 강의 상류에 자리 잡고 있다. 동쪽으로는 충칭(重慶: 중경), 남쪽으로는 구이저우(貴州: 귀주),

윈난(雲南: 운남), 서쪽으로는 티베트(西藏: 서장), 북쪽으로는 칭하이(靑海: 청해)와 간쑤(甘肅: 감소), 산시(陝西: 섬서) 성에 인접해 있다.

사천의 문화는 이들 인접 문화권의 여러 요소를 흡수하면서 발전했다. 중원을 비롯한 북방과 호남(湖南)성, 호북(湖北)성 등 초문화권의 문화적 요인 외에 티베트 고원과 운남 등지의 여러 소수 민족의 문화가 들어왔다. 이렇게 쓰촨 성에 유입된 외지문화는 각자의 음식습관을 대동했고 결국 사천지역의 음식 안에 자리 잡게 됐다. 이러한 외지 음식의 유입과 동화는 오늘날의 다양한 사천요리를 만들어 내었다.

일반적으로 사천요리는 강력한 향신료를 사용한 '마라(麻辣)'가 유명하고 '매우면서 아린' 맛이 난다.

우리에게 가장 친숙한 사천요리는 마파두부(麻婆豆腐)다. 여기서 마파두부에 얽힌 일화를 소개한다.

청나라 말기에 쓰촨 성 수도인 성도(成都)의 북쪽 만복교(万福橋) 근처에 작은 가게가 있었는데 가게 주인은 얼굴에 곰보 자국이 있는 아줌마(麻婆: 마파)였는데, 남편의 성이 진(陣)씨인지라 사람들은 그녀를 진마파(陣麻婆: 곰보 얼굴 진씨 아줌마)라 하였다.

이곳을 찾는 손님은 대부분이 기름통을 메고 다니는 노역자들이었는데, 하루는 시장에서 두부 몇 모와 소고기를 조금 가지

CHAPTER 3. 손님접대(清客: 칭커)와 각 지방의 음식문화

고 와서 통 안의 기름을 좀 넣어 진마파에게 음식을 만들어 달라고 부탁했다.

평소 먹는 것이 부실하며, 힘들게 일하는 노역자들을 안타깝게 여기던 진마파는 정성껏 음식을 만들었다. 소고기를 다져 기름에 순식간에 볶아서, 고추와 초피 등을 넣은 뒤 다시 육수와 두부를 넣고 조리했다.

진(陳)씨 부인이 만든 요리는 노역자들 사이에서 엄청난 환영을 받았다.

마파두부는 입맛을 돋우고 혈액 순환을 좋게 해 피로 회복 효과가 있었다. 이 맛있는 두부 요리를 맛본 노동자들이 다니는 곳마다 진마파의 두부요리를 입소문낸 덕에 진마파(陳麻婆)의 마파두부(麻婆豆腐)는 금방 유명해졌다. 후에 진마파가 가게를 성도(成都) 시내에 열게 되면서 마파두부는 중국 전역으로 퍼져 나갔다.

[마파두부(麻婆豆腐)]

초피의 얼얼한 맛이 특징인 본고장 사천의 마파두부는 혀가 마비될 정도의 아주 강렬한 매운맛이 나므로, 한국과 일본에선 초피를 아예 넣지 않든가 약간만 넣어 매운맛을 조절한다.

이 밖에 사천요리로 회이

궈로우(回鍋肉: 회과육)는 돼지고기를 삶은 다음 다시 솥에 덜어 낸 뒤 볶는 조리법에서 붙여진 이름이다. 또한, 튀긴 새우를 케첩 소스에 넣고 졸이는 간소(乾烧) 새우 등도 대표적인 요리이다.

총칭훠궈(重慶火鍋: 중경화과)라는 요리도 살펴보자.

중국에서 기후가 제일 더운 도시를 일컬어서 화로(火爐)라고 한다.

중국의 삼대화로(三大火爐)는 세 가지 설이 있는데 여기에서 소개하겠다.

먼저, 삼대화로(三大火爐)는 총칭(重慶: 중경), 난징(南京: 남경), 우한(武漢: 무한)을 말한다.

두 번째, 삼대화로(三大火爐)는 총칭(重慶: 중경), 난징(南京: 남경), 지앙사(長沙: 장사)를 지칭한다.

세 번째, 삼대화로(三大火爐)는 총칭(重慶: 중경), 우한(武漢: 무한), 지앙사(長沙: 장사)를 말한다.

이들 도시 대부분이 모두 양자강 유역에 있으며 습기가 많다는 것이 공통점이다.

특히 삼대화로(三大火爐)를 나눌 때 어떠한 경우에도 빠지지 않는 중경은 양자강과 가릉강이 만나는 교차 지점에 있고, 주변이 산으로 둘러싸인 분지의 지리적 환경 때문에 그 여름날의 더위는 평균 40도를 웃돈다.

　　이러한 환경의 영향을 직접 받는 것이 바로 음식문화인데 중경에서 훠궈(火鍋) 식당이 널려 있는 이유다. 습기가 많은 기후 환경의 영향과 유난히 많은 지리적 영향으로 강가의 부둣가(碼頭)가 많아서 만들어진 음식 문화가 총칭훠궈(重慶火鍋: 중경화과)인 것이다.

　　중경은 기온이 높고 습한 탓에 음식이 쉬 상하는 단점이 있고, 인체에 수분을 배출해야 하는 생체적인 조절을 훠궈가 해준다.

　　'총칭훠궈(重慶火鍋)'의 기원을 살펴보자.

　　양쯔 강과 가릉강의 두 개의 강줄기로 인해 유난히 많게 생성된 강가의 나루터에서 시작한다. 강가 나루터의 노역자들이 버려지는 민물고기와 야채를 고추기름탕에 데쳐 먹는 데서 유래하였다. 이때 다진 마늘에 고추기름을 혼합해서 소스로 찍어 먹는 것은 음식에 기생하는 병충을 방지하기 위함이다. 후에 발달이 되어서 지금은 모든 육류를 비롯해서-소고기, 양고기 등을 얇게 썰어서-해산류, 채소류 등을 훠궈에 데쳐 먹는 일종의 샤브샤브 형태로 즐기는데 원래 매운맛이었으나 지금은 맵지 않은 칭탕(淸湯: 청탕)도 있다.

참고로 이웃한 싱의 후베이(湖北: 호북) 싱, 후난(湖南: 호남) 성 사람들도 매운 요리를 즐긴다. 후난 성 출신의 마오쩌둥(毛沢東: 모택동)도 붉고 매운 고추를 식사 때마다 곁들였다고 한다. 매운 음식 문화에 대한 정도 차이를 설명하는 말이 있다. 쓰촨 성 사람들은 매운 음식을 두려워하지 않고 먹는다. 하지만, 호남 사람들은 음식이 맵지 않을까 걱정을 하며 음식을 먹는다.

중국 요리의 맛을 구별할 때 흔히 중국 동쪽의 요리는 주로 매운맛이 나고, 중국의 서쪽요리는 신맛 위주로 한다.

산동성(山東省) 요리는 중국 4대 요리 중 하나다.

몽골족이 지배했던 원(元)나라부터 명(明)을 거쳐 여진족의 청(淸)나라 시대에 이르기까지 산동성 출신 요리사가 황제의 요리를 만드는 '어선방(御膳坊)'의 주체가 되었다.

산동 요리는 담백하고 부드럽고 맛이 단순한 것이 특징인데

CHAPTER 3. 손님접대(淸客: 칭커)와 각 지방의 음식문화

대표적인 요리로는 단맛과 신맛이 어우러지는 '당초황하잉어 (糖醋黃河鯉漁)'가 대표적이다.

　산둥 성은 북으로는 발해, 동으로는 황해에 접해 있으며 황하의 하류에 자리 잡고 있다. 고대부터 주요 소금 생산지였으며, 중국 고대에 노나라(魯国)가 있었기에 산둥 요리는 '노채(魯菜)'라고 부르고, 송(宋) 나라 때에는 '북식(北式)'이라고 불렸다.
　산둥의 대표적 요리 중의 하나는 구전대장(九転大腸)이 있는데, 청나라 때 산둥 성의 수도 지난(済南: 제남) 시의 '구화루(九

華楼)’라는 식당에서 팔면서 이름이 알려진 음식이다.

이 요리는 돼지의 대장을 삶아서 튀긴 후에 마늘과 파, 간장, 술 등의 조미료를 넣고 요리한다.

또한 바다의 특산물인 샥스핀, 해삼, 새우, 전복, 바닷게의 주원료와 대파, 마늘, 생강과 배추 등을 곁들여서 요리를 많이 한다. 산둥 성 요리는 짠맛에 다섯 가지 맛이 더해지는 비교적 단조로운 형식을 취하고 있지만 맛탕 종류의 시럽을 입혀 단맛이 나게 하는 요리방법도 산둥 요리의 특색이다.

밀가루를 건조하게 반죽해서 손으로 잡아낭기면서 치는 동작을 반복하면서 면을 가늘고 길게 뽑아내는 ‘수타면(手打麵)’도 처음 산둥 성에서 나왔다.

‘하늘 아래 공짜 점심은 없다(天下没有免费的午餐)’는 중국 속담이 있다.

식사를 같이 했으면 자연스럽게 비즈니스 얘기가 나오게 되고, 서로의 셈(算) 법으로 수지를 맞추게 된다.

다음 장에는 ‘셈’에 관한 중국인들의 속성을 살펴보기로 하자.

CHAPTER 4

중국인의 셈
(算: 쏸)

중국 속이에 '린쫜부루티엔쫜(人算不如天算)'이라는 말이 있다. '사람의 계산이 하늘의 계산을 당해 내지 못한다'는 뜻으로 중국 사람들이 자주 사용하는 말이다.

이렇듯 중국인들의 계산은 늘 일상적이고 생활화되어 있다.

여기에서 중국인의 상업기질인 금전관과 계산감각이 남다르게 뛰어난 데에는 그럴만한 충분한 이유가 있다.

그 이유를 살펴보기로 하자.

장사를 하는 사람을 상인(商人)이라고 하는데 이 뜻은 상(商) 나라 사람이라는 것이다.

고대 중국 노예사회에서 첫 번째 나라가 하(夏) 나라이고 그 뒤를 이은 나라가 은(殷) 나라인데 이 은나라가 멸망하고는 상(商) 나라라고 불리게 된다.

B.C. 11세기에 주(周)나라 무왕(武王)이 은나라를 멸망시켰다.

나라가 망하고 전답을 몰수당한 은나라 사람들은 정든 고향을 떠나 사방으로 흩어졌는데 당시 농업 사회에서 이들에게 아무런 생산기반이 없었으므로 장사로 생활을 해야 했다.

이렇게 자연스럽게 상인(商人)이라는 말이 등장한 것이다. 그러니까 상인의 등장은 지금부터 3천 년이 넘고 중국 사람들은 3천 년 전부터 상업에 종사해왔다.

앞에서 설명했듯이 중국의 춘추전국시대는 극도의 혼란기이다. 전 국토는 온통 제후들의 싸움으로 전쟁의 도가니에 빠지고, 모든 것이 파괴되고 민생은 도탄에 빠진 부정적인 현상도 있었지만 제자백가(諸子百家)의 사상의 눈부신 발전을 가져왔고 재벌들이 출현할 만큼 상업 또한 크게 성장하였다.

여기서 중국의 정경유착이 시작되었던 것이다.

중국의 춘추전국시대는 많은 재벌이 출현하였으며 공자(孔子)도 돈 많았던 제자 자공(子貢)의 뒷받침이 있었던 것이다. 이렇듯 이 시기에 자연스럽게 황금만능주의가 만연하기 시작되었던 것이다.

그 대표적이 정경유착이 훗날 여씨춘추(呂氏春秋)를 쓴 여불위(呂不韋)인데 그가 바로 중국 최초의 통일제국 진(秦)나라의 실질적인 대주주였다.

여기서 여불위(呂不韋)의 이야기를 하고 가자.

전국시대 말기에 진(秦)을 비롯한 여섯 나라, 즉 연(燕), 제(齐), 초(楚), 한(韓), 위(魏), 조(趙) 나라가 합종연횡을 도모하며 패권(覇権)을 다투고 있을 때 위(魏) 나라의 거상(巨商)인 여불위(呂不韋)는 일찍부터 진(秦)나라의 가능성을 보았던 것이다.

[여불위(呂不韋)상]

그러한 이유로 조(趙)나라에 볼모로 집혀 와 있던 자초(子楚)라고 하는 진나라의 왕자에게 자신의 애첩을 바쳤다. 그녀는 이미 여불위의 자식을 임신 중이었고 얼마 안 있어 낳은 아들이 진시황이다. 그러니까 진시황은 여불위의 아들이다. 이렇게 본다면 중국을 최초로 통일한 사람은 진시황이지만 그것을 가능케 했던 것은 여불위라는 거상(巨商)의 힘도 컸음을 알 수 있다.

중국에서 상업이 발달할 수밖에 없었던 배경을 이야기하고 넘어가자.

중국에서 상인이 급속도로 성장하게 된 배경에는 지리적인 환경이 영향을 미쳤다. 중국은 땅의 반한대(半寒帯)부터 열대(熱帯)까지 형성되어 있는 지리적 환경을 가지고 있다.

그래서 생산되지 않는 물건이 없을 만큼 물산이 풍부한 장점이 있고, 드넓은 국토다 보니 이것을 각지로 실어 나르는 것 또한 크나큰 일이었다.

이러한 상황에서 중국 사람들에게 예부터 나온 말이 '없는 것 (無有: 무유)이 두려운 것이 아니고 고르지 못한 것(不均: 불균) 이 두렵다'고 했던 것이다. 여기서 '고르게 하는 것'이란 바로 '상업'을 말하며 상업의 중심에 상인(商人)이 있었던 것이다.

이 밖에 중국에서 상업이 발달한 배경은 중국인들한테 뼛속 깊은 타고난 장사꾼 기질이 있기 때문이다.

흔한 말로 '재주는 곰이 부리고 돈은 중국인이 챙긴다'는 말 이 있지 않던가?

어찌 되었든 간에 중국인들 특유의 금전관과 계산감각을 우 리는 주의 깊게 바라보아야 한다. 장사의 궁극적인 목적은 돈을 버는 것이다. 돈을 좋아하지 않는 민족은 없다. 그러나 돈에 대 한 중국 사람들의 애착이 남다르다는 것이 그들의 일상용어에 서 잘 나타나 있다.

'돈 버는 것'을 중국어로 쫜첸(賺錢: 잠전)이라고 한다. 여기 서 잠(賺)이라고 하는 글자는 중국어 자전(字典)에서 '속이다' 혹은 '속여서 비싸게 팔다'로 해석하고 있다.

'돈을 번다'는 것은 속인다는 것이고 그것이 장사의 기본이 되는 것이다.

중국인들의 일상 대화에서 '쫜첸'이라는 단어는 너무나도 자 연스럽게 나오는 이유를 되씹어볼 필요가 있는 것이다.

우리는 새해가 되면 '새해 복 많이 받으세요'라는 덕담을 하지만 중국은 다르다.

중국에서 춘절(春節)[1]에 '돈 많이 벌라'는 '꽁시 파 차(恭禧発財: 공희발재)'가 그들의 인사인 까닭이 여기에 있는 것이다.

한편으로 중국 사람들은 수많은 신(神)을 섬긴다. 세상에 보이는 모든 것에 신이 있을 정도로 다양한 신이 있다. 일상생활을 살펴보자면 조상신부터 땅의 신, 집의 신, 부엌의 신, 화장실 신, 대문 신 등 매우 다양하게 있다. 우리가 중국 식당이나 호텔에서 흔히 발견할 수 있는 것이 바로 돈의 신인 '첸신(錢神: 전신)' 그리고, 각종 재산을 담당하는 차이신(財神: 새신)이 바로 그것이다.

중국인들이 돈에 대해 남다른 애착이 있는 것은 다 나름의 이유가 있다. 수많은 전쟁과 재난을 통해 직접 터득한 중국인들의 생존본능에서 나온 것이다.

예로부터 전쟁과 재앙으로 나라가 불안하면 금값이 폭등하는데 이때 가장 안전한 피난처가 금(金: 돈)이라는 것이다. 그러한 까닭에 중국인들이 외모를 그다지 중시하지 않는 원인이기도 한 것이다.

돈에 대한 이 같은 인식은 정확한 계산이 뒷받침되어야 한다.

이러한 필요성으로 인해 주산도 중국에서 발명되었다.

동한(東漢) 시기[2]에 서악(徐岳)이 쓴 『수술기유(数術記遺)』

---

1) 우리의 구정으로 제일 큰 명절
2) 25년~220년

라는 책 내용에 주산(珠算)이 등장한다. 이때의 주산 기능은 덧셈과 뺄셈의 기능만 있었다고 사료에는 전한다.

오늘날의 주산은 명나라(明朝)의 정대위(程大位)가 쓴 「직지산법통종(直旨算法統宗, 1592년)」이라는 문헌에 따르면 주산은 송3)·원4)(宋元) 시기에 발명되었다고 기술하고 있다. 이렇듯 중국에서 주산은 천팔백 년 전부터 사용되고 있었으니 중국인의 셈은 정확할 수밖에 없다.

주산을 쏸판(算盤: 산반)이라고 하는데, 전자계산기가 발달한 지금도 중국에서는 주산은 지금도 그 역할을 충실히 수행하고 있다. 재미있는 것은 아직도 중국인 어린아이의 돌 잔칫상에 주산과 붓을 올려놓는다.

계산을 중국어로 '쏸(算: 산)'이라고 한다. 사람이 마음속으로 계산하는 것을 신쏸(心算: 심산)이라고 하며, 계산이 완료됐다는 의미와 양방 간의 관계가 끝난 상태를 말할 때 쏸러(算了: 산요)라 표현한다. 또한 사주팔자를 보는 것도 '운명을 계산해 본다'라고 하여, 쏸밍(算命: 산명)이라고 한다. 이렇듯 생활의 모든 것을 계산(算)하는 중국인들의 태도를 반드시 눈여겨보아야 할 것이다.

중국인의 셈법(算法)을 엿볼 수 있는 고전(古典)이 있다.

---

3) 북송 960년~1127년, 남송 1127년~1279년
4) 원나라 1260년~1370년

[중국의 주산]

손자병법 시계편(時計篇)에 보면 '다산승, 소산부승(多算勝, 少算不勝)'이라는 말이 나오는데 '승산이 많으면 이기고, 승산이 적으면 진다'는 뜻이다.

즉, 승부는 저절로 나타나는 것이 아니다. "이길 수 있는 전쟁을 하라”고 강조한다.

무릇, 싸움에 임하기 전에 작전 회의를 해서 우세한 자는 승산이 많고, 지는 자는 승산이 적다. 승산이 적은데 싸우는 것을 손자병법에서는 금하고 있다.

우리가 새겨두어야 할 대목이다.

CHAPTER 5

중국의 중앙(中央)

정치권력의 중앙인 수도 베이징(北京: 북경)과 경제 권력의 중심 도시 상하이(上海: 상해) 직할시를 가지고 이야기해 보기로 하자.

먼저 베이징에 대해 살펴보자.

베이징은 대평원 지대와 북방의 산간지대를 연결하는 교통 및 전략의 요충지다.

고대 베이징은 농업 생산력의 발전으로 따라 화북(華北)의 평야 지대와 북방의 산간지대 사이의 왕래가 잦아지자 그 교통 중심지로서 발전하면서 인구가 증가하기 시작하였다. 고대 연(燕)나라의 도읍(都邑)이 베이징이고 진(秦)·한(漢)나라 이후 당(唐)나라 말기에 이르는 시기에는 대체로 유주(幽州)의 치소(治所)로서 동북변방(東北邊方)의 정치·군사상의 요충지가 되었다.

베이징 외곽에 있는 파위엔쓰(法源寺: 법원사)[5]는 우리 한국과 밀접한 역사적 관계를 갖고 있는데, 수(隋)나라 양제(煬帝)의 제1차 고구려원정 실패와 당(唐)나라 태종(太宗)의 제2차 고구려원정에 실패하고 사망한 병사들의 넋을 애도하기 위해 사원을 건립하였던 것이다.

요(遼)나라 때인 938년에 베이징을 부도(副都)로 삼아 남경(南京)6)이라 하고, 요나라를 무너트린 여진족이 세운 금(金)나라는 처음 연경(燕京)으로 부르다가 1153년에 이곳으로 천도(遷都)하여 중도(中都)라 이름을 불렀다. 이때 불렸던 호칭으로 지금도 북경의 곳곳에는 연경이라는 명칭을 많이 사용하고 특히 북경의 대표적 맥주인 연경맥주도 이러한 연유에서 명명하게 된 것이다. 그 후 몽골족이 남하하여 중도성(中都城)을 빼앗고 쿠빌라이(世祖) 때에 신성(新城)을 건설하고 국도로 정하여 대도(大都)라고 명명하면서 중국 전역을 지배하는 정치 중심지로 원(元)나라의 수도가 되었다.

명(明)나라 초기에 수도를 지금의 난징(南京: 남경)에 두었다가 1420년에 영락제(永樂帝)가 대도(大都)로 천도(遷都)하면서 베이징(北京: 북경)이라 했다.

이 시기에 남쪽에 있는 문(南門) 밖에 외성(外城)을 쌓아 넓히고 북부의 성역(城域)을 대도 때보다 축소하여 내성(內城)이라

---

5) 원래는 민충사(愍忠寺)라고 불렸다.
6) 지금의 안휘성(安徽省)의 남경(南京)이 아니다.

[천안문(天安門)]

고 했다. 1636년에 명나라를 멸망시킨 여진족의 청(淸) 나라도 베이징을 수도로 정하고, 여진족(제3대 황태극 황제에 이르러 '만주족(滿洲族)'이라 개명)과 한족(漢族)의 거주 지역을 구분하여 내성(內城)에 만주족(滿洲族), 외성(外城)에 한족을 살게 하였다.

1912년에 세워진 중화민국(中華民國)도 북경을 수도로 삼았으나, 후에 남경(南京)으로 천도하여, 베이징을 한때 북평(北平)으로 부르기도 하였다. 이후 쟝제스(蔣介石: 장개석)의 국민당과 마오쩌둥(毛沢東: 모택동)의 공산당 내전은 결국 공산당의 승리로 끝나고 1949년에 중화인민공화국이 건립되고 북평을 다시 북경이라 고쳐 부르고 수도(首都)가 된 것이다.

이렇듯 북경은 장구한 역사를 자랑하는데 이것은 고대 봉건 왕조시대의 수도였던 낙양(洛陽), 개봉(開封), 장안(長安), 임안

[고궁(故宮)]

(臨安) 등과 달리 과거와 현재를 연결하고 있는 살아 있는 역사 도시인 것이다.

베이징의 중심 도로인 창안지에(長安街: 장안로)에 있는 대표적인 유적지는 고궁(故宮)[7]과 천안문(天安門)이다.

북경 사람은 식사 후 서로 계산을 하거나 여행할 때는 가지고 온 음식을 주위 사람들과 나누어 먹고 서로를 배려하는 세심한 마음을 가지고 있는데 "단 한 번이라도 친구를 속이면 평생 마음고생을 한다"는 격언처럼 북경 사람은 사람과의 교제에서 우정을 중시하고 풍부한 유머감각을 가지고 있다.

이러한 북경 사람들은 타지방 사람들처럼 이익만을 추구한

---

7) 자금성(紫禁城)

것과는 달리 거시적인 사고를 가지고 있는데 북경(北京)이 정치의 중심인 까닭에 북경인들은 정치사상면에서 명분(名分)이나 형식(形式)을 중시한다. 한편으로 인간적인 측면(人情味: 인정미)도 가지고 있는데 이러한 특징은 사업할 때에 잘 나타나 있다. 특히 신용(信用)이나 의리(義理)가 북경 사람들 인간관계의 핵심이다.

다음은 경제적수도로 급부상한 상하이(上海: 상해)에 대해 살펴보자.

상하이는 현대화 도시 건설에 유리한 조건을 갖추고 있는데, 그 지리적으로는 양쯔 강 하류에 있어 수상교통이 발날하고, 삼각주 지역으로 원자재와 노동력이 풍부하며 기후가 좋고, 소주(蘇州)와 항주(杭州)로 통하는 수로(水路)가 있어 베이징(北京: 북경)으로 가는 운하(運河)를 컨트롤 할 수 있고, 서쪽으로는 기름진 평야가 있다. 이러한 도시가 근대에 들어서면서 발전의 기틀을 마련하는데 1842년 영국에 아편전쟁에 패한 후에 남경조약(南京条約)에 따라 개항을 하면서 현대화의 기틀을 마련한다.

이렇듯 근대에 들어서 상하이는 군벌과 외국인, 그리고 혁명 노동자가 활동하던 시기를 겪으면서 상업와 전통 농업이 서로 충돌과 융화의 과정을 겪으면서 발전을 한다.

이렇듯 한적한 시골 바닷가 마을이 국제도시로 탈바꿈하면서 공업, 상업, 금융의 중심이 되고 국제적인 항구도시로 성장한다.

상하이는 한족(漢族)의 이주(移住) 문화로 형성된 혼합형 도

CHAPTER 5. 중국의 중앙(中央)

시다. 그러한 까닭에 도시 전체는 타 도시에 비해 개방적이다.

상하이라는 도시명은 '바다(海: 해)로 나아가자(上: 상)'라는 뜻이다.

중국 북방에 형성되어 있는 만리장성(万里長城)과 북경의 전통 가옥 양식인 사합원(四合院)[8]은 그 울타리 속에서 한족 자신들 만의 생활에 수구, 보수하는 반면에 상해의 남방 문화는 본질적으로 차이가 있다.

상하이의 전통 주택은 석고문(石庫門)이 늘어서 있고 주택 전체가 밖을 향해 열려 있듯 석고문은 상해의 개방 지향적 성격을 나타낸다. 또한, 이러한 다세대가 모여 사는 주택 앞에는 일종의 사교마당인 '농탕(弄堂)'이 자리하는데 이곳에서 사람들은 이웃과의 교류를 통해 정보를 주고받는다.

이러한 건축 양식이 고대 북방의 이민족에게 쫓겨서 장강 이남으로 이주해 온 상하이 한족(漢族) 문화의 특징이 된다.

1978년 덩샤오핑의 개혁·개방의 시작이 상하이였다는 데 이의를 제기할 수 없는 이유가 여기에 있는 것이다. 개혁 개방 초기에 서방의 문물을 수용하는 데 있어서 매우 현실적이면서 실용적인 상하이 사람들의 특성과 지리적인 이점을 가지고 있던 것이다.

---

8) 네 면이 모두 벽으로 둘러쳐진 사합원은 닫힘과 격식, 보수성을 나타내는 베이징(北京: 북경)식 경파(京派) 문화의 커다란 특색

중국 근대사에 있어서 상하이는 열강의 제국주의가 동점(東漸)할 때 동양과 서양이 마주치는 교차로에 서 있었다. 이러한 지리적 상황이 영국, 프랑스, 미국 등의 조차지9)가 되면서 서양의 문물을 제일 먼저 받아들이는 일종의 창구였다. 따라서 상하이는 현대 중국 개혁개방의 간판이자 구심점이 되었다. 이러한 상하이 사람들은 '처세에 부드럽고 여러 얼굴을 가지고 있으며(円滑多面), 세상 이치에 매우 밝고(精明世故), 작은 것까지 따지는(斤斤計較)' 성격을 가지게 된 것이다.

[사합원(四合院)]

9) 조계지 역사를 통해 상해인(上海人)은 시야를 확대하고 개척정신을 길렀으나 대량으로 유입되는 외지인들과의 사이에서 생존하기 위해 배타적으로 변하고, 대학 진학도 상해(上海) 내에서 이루어져 전국 출신이 모여드는 북경(北京)에도 상해인(上海人)은 별로 없음. "관료가 되어 북경(北京)에 있기보다 상해(上海)에서 거지가 되는 것이 낫다"고 생각함.

따라서 사리에 밝고 생활에 필요한 정보를 찾아다닌다. 거리를 돌아다니면서도 이곳저곳 기웃거리기를 좋아한다. 상하이 사람들의 길거리 행보를 '당마루(蕩馬路)'라고 하는데 이 뜻은 '하는 일이 없으면서도 어디서 무엇이 벌어지고 있는지 기웃기웃하며 다니는 모습'을 말한다.

흔히들 북경 사람들은 관료가 되는 꿈을 가지고 있다면 상해 사람들은 부자가 되는 꿈을 꾼다고 한다.

이러한 까닭으로 상하이 사람들은 유명한 부자들이 많이 나오는데 그중에 중국 근대 태평천국 시기 중국 남방의 재부(財富)를 독차지한 호설암(胡雪巖)과 중국의 첫 번째 매판자본가 목병원(穆炳元), 방직업을 모기업으로 크게 성공해서 1980년대 부총리 자리까지 올랐던 '붉은 자본가' 영의인(榮毅仁) 등이다.

상하이 사람들은 개방 지향적인 긍정적인 측면과 과도할 정도의 현실집착의 부정적인 측면이 있는데 근래 들어 이것을 '상하이 도시병'이라고 말한다.

이 내용을 살펴보면 상하이 사람들은 예의는 잘 지키지만 작은 이익에 급급해하는 상하이 사람의 속성을 일컫는 말이다.

[석고문(石庫門)]

　이처럼 실리를 먼저 따지는 상하이 사람들의 현대에 들어서 의 특징을 살펴보면 다음과 같다.

　현재 상하이의 개인투자가는 약 3백만 명으로서 인구 4명당 한 명이 투자를 하고, 이러한 투자에 바탕을 둔 주식시장의 급 성장으로 고 기술 산업이 발전하여, 자동차, 석유화학, 통신설 비, 철강, 가전제품, 발전소 설비 등의 6대 산업의 기간산업이 되었다.

　상하이인들은 세끼 식사 외에도 야식이나 간식을 즐기고, 음 식 재료를 직접 구매해 요리를 한다. 또한, 상하이 남자들의 가 정생활을 두고 '마다싸오(馬大嫂: 마씨형수)'라고 지칭한다. 이것은 상하이 남자들이 아내를 대신해 '식재료를 사고(買), 쌀을 씻고(淘), 음식을 만든다(燒)'는 데에서 앞글자의 음을 비슷하게 따다 붙인 것이다. 그래서 상하이 남자들에게는 '소생(小生: 풋내기)', '재자(才子: 재주 있는 사람)'라는 평이 따라다닌다. 상반되는 것이 북방의 대장부라는 말이 있는데 북방에서 '대한(大漢)'이라고 표현하며 남자다운 사내를 말한다.

상하이 사람들은 현실과 동떨어진 공허한 교조주의나 대의명분에 목숨을 버리는 정치인의 신념을 가지지 않는다.

상하이 사람은 해외로 진출하고 싶어 하는 싱향이 높고 전체 중국인 해외유학생 중 상하이 출신이 1위를 차지하는데 북경 출신학생들이 대부분 국비로 해외 유학을 가는 것과는 달리 상하이지역 학생들은 자비로 유학을 가는 경우가 많다.

상하이 사람들은 이익만을 앞세우고 의리는 없다고들 하는데 그 이유로서는 손익계산이 모든 일의 기준이 되는 의(義)가 결핍되어 배금주의(拜金主義)가 만연하게 되었으며 사람과의 교제도 상업적 목적이 대부분이라는 것이다.

CHAPTER 6

중국의 지방(地方)

먼저 중국의 지역구분을 알아보자.

중국은 전통적으로 화북(華北)·화동(華東)·화남(華南)의 세 지역으로 나뉘었으나, 1978년 개혁 개방 후 경제·정책적인 차원에서 다시 아래와 같이 8대 권역으로 묶었다.

[8대 권역권 및 그 소속성과 도시]

구분	지역
동북구역	요령성(遼寧省), 길림성(吉林省), 흑룡강성(黑龍江省)
북부연해 구역	북경(北京), 천진(天津), 하북성(河北省), 산동성(山東省)
동부연해 구역	상해(上海), 강소성(江蘇省), 절강성(浙江省)
남부연해 구역	복건성(福建省), 광동성(廣東省), 해남도(海南島)
황해중류구역	섬서성(陝西省), 산서성(山西省), 하남성(河南省), 내몽고자치구(內蒙古自治區)
장강중류 구역	호북성(湖北省), 호남성(湖南省), 강서성(江西省), 안휘성(安徽省)
서남지역	중경(重慶), 사천성(四川省), 운남성(雲南省), 귀주성(貴州省), 광서자치구(廣西自治區)
서북지역	감숙성(甘肅省), 청해성(靑海省), 녕하자치구(寧夏自治區), 서장자치구(西藏自治區), 신강자치구(新疆自治區)

다음은 각 지방별로 세부적인 특색을 알아보기로 하자.

① 동북 3성(東北三城): 랴오닝 성(遼寧省: 요령성)·지린 성(吉林省: 길림성)·헤이룽장 성(黑竜江省: 흑룡강성)

백산흑수(白山黑水:[1] 흰 산과 검은 물)라고 불리는 동북3성(東北三省)은 랴오닝 성(遼寧省: 요령성)·지린 성(吉林省: 길림성)·헤이룽장 성(黑竜江省: 흑룡강성)을 말한다.

동북 3성의 또 다른 호칭은 관동(関東)이라고 하는데 중국 만리장성의 최동쪽 관문인 산해관(山海関)의 동쪽에 있기 때문이다.

1978년 개혁 개방 이후에 동북 지역 3성 사람들의 성질을 달리 평가하는데 한마디로 "앞에는 이리가 있고 뒤에는 호랑이가 있는데 중간에는 멍청이"라고 표현했다.

먼저 요령성(遼寧省) 사람들은 동북 대평원과 해안이 생활의 주 무대인 까닭에서 자유분방하고 개방적인 성격을 가지고 있다고 해서 이리와 같다.

길림성(吉林省) 사람들은 사고방식이 보수적이고, 개척 정신이 부족하고, 중앙정부의 정책만을 성실하게 수행하는 소극적 성격을 가진 멍청이라고 표현한다.

흑룡강성(黑竜江省) 사람들은 평원과 산악 지대가 주생활 무

---

1) 백두산과 흑룡강을 지칭한다.

대여서 개방적인 사고는 부족하지만 중앙의 정책을 현실과 잘 조화시켜 효과적인 대책을 추진한다고 해서 호랑이라고 한다.

역사적으로 명나라와 청나라를 거쳐서 20세기 초까지만 해도 중국에서 이 동북 3성을 '관외(関外)'라고 불렀으며, 산하이관(산해관) 안쪽에 자리하고 있는 지역을 '관내(関內)'라고 하였다.

동북 3성은 과거 고구려와 발해의 역사 무대와 겹치고, 청나라를 세운 여진족(女眞族)과 예맥족(濊貊族), 동호족(東胡族), 숙신족(肅愼族) 등의 주 활동 무대였다. 지금도 이들은 소수민족으로 정착해 나름의 문화를 유지하면서 살고 있다.

여진족인 후금(後金)의 누르하치는 청나라의 기틀을 세운다. 이 시기에 동북 3성은 청 왕조의 고향이라 해서 청나라의 건륭제(乾隆帝)는 봉금(封禁: 한족의 이주 금지) 정책을 펴지만 1880년대에 와서 봉금 정책이 해제되고, 산동성(山東城) 사람들이 대규모로 이주해서 지금도 요령성 지역에는 산동성 출신들이 많이 살고 있는데 일례로 따롄(大連: 대련) 시의 인구 80% 이상이 산동성 출신임을 알 수 있다.

랴오닝 성(遼寧省: 요령성)의 성도(省都)인 선양(瀋陽: 심양) 시의 상당수 사람들은 명나라와 청나라 때 산해관을 넘어 들어온 산둥 성(山東省: 산동성) 출신이라고 볼 수 있다.

이곳의 사람들은 북방성의 혹한 기후에서 오는 지역적 특성으로 인하여 사납고 직선적이며, 물과 불을 제대로 가릴 만큼의 시간적 여유를 두지 않는 조급성 등도 특징이다.

특히, 백두산 호랑이를 일컫는 '동북호(東北虎)'는 이 지역 사람들의 성격을 직접 반영하기도 한다.

또한, 랴오닝성(遼寧省: 요령성) 사람들이 싸울 때는 손바닥으로 뺨을 갈기지 않고 바로 주먹을 휘두르고, 싸움을 하다가 각목과 쇠파이프가 눈에 띄면 무조건 쇠파이프를 사용하고, 총을 쏠 때도 엉덩이나 다리를 쏘지 않고, 직접 상대의 얼굴을 향해 쏘는 특징을 가지고 있다.

동북지역에 원래 거주했던 민족들은 유목과 수렵을 위주로 생활해 왔기에 비록 상당수 한족이 이곳에 들어와 정착했지만 이들도 본래의 문화적 토양에 오히려 물들면서 직선적이면서도 호방하며 싸움에서 절대 물러서지 않는 동북인의 기질을 그대로 이어받아서 여느 지역의 한족과 다른 성격을 가지고 있다.

이러한 이유로 해서 청나라 말기인 19세기 말에서 20세기 초에 어려운 생활환경을 벗어나기 위해 많은 동북 사람들이 마적2)이 되는 경우가 많았는데 동북인의 기질을 설명하는 재미있는 이야기가 있다.

논어(論語)에서 공자(孔子)는 '三人行, 必有我師(삼인행, 필유아사)'라고 해서 '세 사람이 동행할 때 반드시 한 사람의 스승이

---

2) 중국에서는 투페이(土匪: 토비)

있다’고 말한다. 동북 지방에서는 ‘三人行, 必有一匪(삼인행, 필유일비)’라고 하는데 이 말은 ‘세 사람이 동행할 때, 반드시 한 사람의 마적이 있다’는 뜻이다.

만주 지역의 마적들은 청나라가 무너진 다음에도 비엔즈(辮子: 변자)라고 하는 만주족의 두발 형태인 머리를 길게 뒤로 땋아 내리는 것을 즐겼는데 당시는 ‘비엔즈를 한 비적이 가장 무섭다’는 말이 공공연하게 나돌았다.

만주 마적들은 악한 일두 일산았지만 지방의 못된 지주나 부패한 관료 등을 혼내주는 일도 해서 긍정적인 평가를 받기도 한다.

이러한 까닭으로 지금도 동북 지방의 속어에는 ‘마적이 오면 음식을 내어 주고, 관병(官兵)이 오면 사거리에서 잘못된 방향을 가르킨다’고 한다.

한편, 문화적으로는 동북지역에서 세워진 요(遼)나라의 음악이 송나라에 흘러들어가 산곡(散曲)으로 발전하였고, 원(元)나라 때에는 희곡으로 그리고 베이징(北京: 북경)의 징지(京劇: 경극)로 계승 발전되었다.

또한 우리나라 한복처럼 중국의 고전 의상의 대명사 치파오(旗袍)는 한족의 고전 의상이 아니고 청나라 만주족 여인들이 입던 옷이다. 이 치파오(旗袍)는 옆을 길게 잘라 다리 일부분이 드러나게 만든 여자들의 옷이며 지금은 흔히 음식점과 호텔 여

[치파오(旗袍)의 여러 가지 형태]

종업원들이 주로 입고, 결혼식에서 반드시 입는 예복이기도 하다.

동북 지방의 또 다른 특색으로 강한 관료주의를 들 수 있다.
관료주의가 강한 중국에서도 동북 지역은 더 폐쇄적이고 낙후된 관료 문화를 가지고 있는데 직장, 학교, 각종 사회단체에서도 관료조직이 성행한다.

그 이유는 개혁·개방(改革開放)으로 자신들의 기득권을 상실할지 모른다는 기존 관료들의 우려가 크다는 것이 그들의 입장이다.

예를 들어 학교의 학급에서도 10명 중에 에 7~8명이 감투를 쓸 정도로 직위 갖기를 좋아하고 노력한다.

이러한 까닭은 자리와 등급에 따라 대우가 결정되는 관료주의 문화가 다른 지방보다 더 깊이 뿌리내렸는데 이러한 관료주의 문화도 중국의 개혁·개방 정책으로 인해 금전주의(金錢主義)로 서서히 바뀌고 있는 현실이다.

② 산시 성(山西省: 산서성)

산시성을 약칭할 때는 '진(晉)'이라는 글자를 쓴다. 고대 중국의 춘추시대에 진(晉)나라가 이곳 산시 성에 자리하고 있었기 때문이다.

춘추시대에 이어지는 전국시대에는 진(晉)나라에서 한(韓)나라, 조(趙)나라, 위(魏)나라의 3국이 갈라서 나갔기에 이들 3국을 상징해 산시 성은 '삼진(三晉)'이라고도 불린다.

이곳 산시 성 출신의 상인들을 진상(晉商)이라고 한다.

산시 성의 지리적 개황은 남북으로 4백 ㎞에 달하는 타이싱(太行: 태행) 산맥의 서북쪽에서 황토고원과 중국에서 가장 넓은 화베이(華北: 화북) 평원이 갈라지는 곳이다. 이 타이싱 산맥을 기준으로 산(山) 서쪽은 산시 성(山西省), 동쪽은 산둥 성(山東省)으로 나뉘는 것이다.

중국 역사에서 산시 성이 차지하는 비중은 매우 크다.

고대 중국의 선사(先史)시대의 요(堯)·순(舜)·우(禹) 세 황제의 활동무대가 모두 산시 성에 있다. 산시 성은 북방지역의 선진문화가 계속해서 이어져 내려온 고대 중국의 역사를 선두에서 이끌었던 지역이기도 하다.

지리적인 특성으로 인해 이곳은 돌궐족(突厥族), 선비족(鮮卑族), 흉노족(匈奴族) 등 북쪽의 유목민족이 중원(中原)으로 침입하기 위해 거쳐야 했던 지역이기도 하다.

산시 성의 문화는 북방의 유목민족 문화와 이들을 중원의 농경문화가 겹쳐 발달했다. 특히 북방 유목민의 침입이 늘면서 생겨난 한(漢)족의 이민문화는 빼놓을 수 없는 대목이다.

오늘날 중국의 남방에 퍼져 사는 산시 성 출신들에게 고향을 상징하는 말로 '홍동의 큰 홰나무(洪洞大槐樹)'라는 말이 있는데, 홍동(洪洞)은 산시 성 서남쪽의 지명으로 이곳의 큰 홰나무(大槐樹) 아래에서 살던 산시 성의 조상들은 장강(長江) 이남으로까지 전란(戰乱)을 피해 이주했고, 그 산시성 사람들은 그들 조상들의 구전(口伝)으로 전해져 온 '홰나무 뿌리'를 지금도 전하고 있다.

한 연구결과에 따르면 산시 성 출신들은 전 중국의 11개 성, 200여 개가 넘는 지역에 퍼져 살고 있으며 특히, 명(明)나라 초기에는 약 1백만 명이 넘는 인구가 타 지역으로 이동했다고 한다. 이렇듯 산시 성은 북방 유목민의 침입으로 생활이 늘 위협받고 불안했던 지역이었기에 중국에서 제일 많은 이주자가 발생했던 것이다.

[큰 홰나무(大槐樹)]

CHAPTER 6. 중국의 지방(地方)

그래서 산서성은 일찍부터 권세(權勢)술수(術数)와 법(法)이 발전하였다. 타이싱 산 동쪽의 고대 중국의 노(魯)[3]나라는 유가(儒家)와 묵가(黙家) 사상이 발전하였고, 초(楚)나라는 도가(道家) 사상이 법가(法家) 사상은 삼진(三晋)에서 발원했다.

삼진(三晋)의 하나인 위(魏)나라 출신으로 후에 진(秦)나라 효공에게 등용되어 건너가 법(法)[4]을 펼친 상앙(商鞅)과 역시 삼진(三晋)의 하나인 한(韓)나라의 명 재상으로 술(術)을 주장한 신불해(申不害) 또한 삼진(三晋)의 하나인 조(趙)나라 출신으로 제(濟)나라에서 봉사하고 법가와 도가를 결합시키고 발전시킨 신도(慎到) 등 법과 술수, 권세를 중시한 하자, 정치가들을 배출한 지역이 산시성이다.

이들 세 사람이 제창한 법(法), 술(術), 세(勢)의 나라를 다스리는 세 가지 방법은 나중에 한(韓)나라 출신 한비자(韓非子)에 의해 정리되어서 '법가(法家)' 사상으로 재편된다.

유가(儒家)가 국가경영의 방법을 도덕이라는 잣대를 가지고 맞추었다면 법가(法家)는 정치권력과 법치, 술수라는 보다 현실적인 방법을 조성했는데 이것은 산시성의 인문 지리의 역학적 환경에서 만들어진 것이다.

---

3) 지금의 산둥지방

4) 상앙변법(商鞅變法)

[윈청(運城)에 있는 소금연못(鹽池)]

　인접한 섬서(陝西)성 사람들은 이러한 산시 성 사람들을 '주마오주(九毛九: 구모구)5)라고 부르면서 비아냥댔다. 지리적 환경이 비슷하지만 현실을 대하는 태도가 그만큼 더 계산적일 수밖에 없는 산시 성 사람이다.

　이러한 산시성 사람의 상업적인 혈통으로 말미암아 명나라와 청나라에 이르러 중국경제의 양대 견인차인 진상(晋商)6)과 휘상(徽商)7)으로 발돋움했다.

　산시성이 중국 고대문명의 발원지였던 이유 중의 하나로 산서성 남부 원청(運城: 운성)에 있는 큰 소금연못(塩池)을 들고 있다. 북방유목민의 잦은 침략으로 인해 농경정착 생활을 할 수

---

5) 구전에서 구푼까지 따진다.

6) 산시(山西)성의 상인

7) 안휘(安徽)성의 상인

없었던 산시 성 사람들은 이 소금 연못에서 나오는 아주 귀한 생필품인 소금을 가지고 장사를 하면서 진상(晋商)이라는 산시 성의 유명한 상인들이 등장한 것이다.

산시 성 성도(省都)인 태원(太原)으로부터 서남쪽으로 150여 ㎞쯤 떨어진 평요(平遙)라는 곳에 높이 12m에 둘레가 6.4㎞인 명나라 시대의 성곽이 있다.

성곽 안쪽에는 요즘의 은행과 같은 영업을 하는 청나라 시대의 금융기관인 표호(票号)[8]와 표국(票局)[9] 그리고 당시 국제무역을

[교가대원(喬家大院)]

---

8) 錢莊이라고도 함
9) 현금과 여객을 운반하는 업체

담당했던 국제상회가 그대로 보존돼 있다. 청나라 때 산시 성 상인들은 소금 전매업뿐만 아니라 중국의 금융도 장악했던 것이다.

이렇게 번성했던 산시의 상인들은 중국 상업의 중심이었고 이들에게 서양인들은 '중국의 베니스 상인'이라는 말을 들었는데 이러한 산시상인들의 결정체가 평요(平遙) 인근의 기현(祁縣)에 있는 교가대원(喬家大院)이다.

청나라 250여 년 동안 절대적인 부를 누렸던 교(喬)씨 가문이 대대로 거주한 집으로 전체 313칸의 저택으로 성채가 둘러싼 듯한 이 건축물 안에시는 진싱(晋商)의 살아 숨 쉬는 억사다. 이렇듯 대단했던 진상(晋商)이 몰락한 것은 시대 변화에 따른 적극적인 대응을 못 했기 때문이다. 산시상인들의 금융업인 표호와 표국은 청나라 말과 민국(民国)초기에 서양에서 건너온 현대적인 은행시스템에 완전히 무너졌다. 물론 청나라 말기 부패한 정치와 관료들의 횡포 또한 이들이 버텨내기에는 힘이 들었다. 교가대원(喬家大院)의 이야기는 중국에서 드라마 작품으로도 만들어져 성공을 거두기도 했다.

③ 푸젠 성(福建省: 복건성)

장강(長江)[10] 남쪽인 중국 남방(南方)의 대다수 사람은 앞에서 언급했듯이 중원의 한족(漢族)들의 이주(移住)의 역사에 두

---

10) 양자강(揚子江) 이라고도 함

고 있다. 이들은 진(秦)나라·한(漢)나라 이후 남송(南宋)대까지 참혹한 전란과 살육, 전제왕권의 학정을 피해 중원지역으로부터 남쪽으로 이동한 사람들이다.

복건성은 예부터 화동지역에 공급하는 수공업 제품의 생산기지가 돼 왔으며 대다수의 사람은 자신의 재주에 의지해 살아가야 했는데 특히, 복주에는 요리사와 이발사, 재단사가 많았는데 이들을 일컬어 '세 자루의 칼(三把刀: 삼바도)'이라고 부른다. 요리, 이발, 재단에 쓰이는 세 개의 칼이라는 말로 복건성 인근 지역 등에는 주방장, 이발사, 재단사 대부분이 복주 출신이다.

당나라 때인 6, 7세기 국제적인 무역항이었던 복건성 취안저우(泉州: 천주) 항구 부근에는 기대한 불상과 웅장한 동·서탑이 서 있는 개원사(開元寺)가 자리한다.

"개원사(開元寺) 등 거대 사찰과 도교의 절이 천주(泉州)에 많이 발달해 있는 것은 현지 주민의 생활과 밀접한 연관이 있는데 바다로 나가는 것은 그만큼 위험이 따르기 때문이다. 이 때문에 생명의 위협을 피하고 복을 기원하는 의미에서 종교에 의지할 수밖에 없었던 사람들의 마음이 반영된 것"이다.

그래서 복건성 사람들에게는 해외로 진출한 화교들과 관련이 있는 특이한 풍속들이 많다. 화교를 또 다른 말로 '번객(番客)'이라고 하는데 번객에 대한 예(禮)가 특히 발달한 곳이 복건성이다.

중국을 세계의 중심으로 생각하는 중국인들이 주변의 다른 나라를 '오랑캐의 나라'라는 뜻의 변방으로 부른 데서 나온 말이다. 해외, 즉 다른 나라인 번방에 살았던 가족들이 집에 돌아오거나 다시 출국할 때면 이들은 성대한 잔치를 베푼다.

송별연 자리는 일반적으로 '송순풍(送順風: 순풍을 불어준다)'이라고 하는데 여기서는 식사할 때에 숟가락과 생선요리를 뒤집는 게 금기다.

이것은 '해외로 배를 타고 떠나는 사람들에게 불길함을 방지하기 위함'이리고 말을 한다.

우리에게 익숙한 한약제인 편자황도 복건성 천주(泉州)에서 나온 약제이다.

명대 궁중 비약(藥)이었던 편자황은 이를 처음 만들었던 어의(御医)가 천주의 한 사찰에 피란온 뒤 전했던 것인데, 후에 복건성의 민간에 이 약이 효험이 있다는 게 알려져 해외로 떠나는 가족들에게 각종 염증에 잘 들었던 편자황을 필수품으로 챙겨주면서 후대의 명약으로 알려진 것이다.

이렇게 바다로 나간 복건성 사람들은 우선 대만에 대거 정착했고 이어서 교역을 위해 동남아에도 진출해 그곳에 정착했다. 하지만 그들은 고향을 잊지 않았다. '나뭇잎은 떨어져 뿌리로 돌아간다(落葉歸根)'는 회귀에 대한 강한 본성이 화교들을 고향으로 향하게 하고 있다.

이러한 실례로 집매(集美)를 들 수 있다.

샤먼 시(夏門市: 하문시)에서 샤먼 대교를 건너면 오른편에 지메이(集美: 집매)라는 곳이 있다. 이곳은 복건성 출신 화교를 대표하는 천자겅(陳嘉庚: 진가경)의 묘소와 그가 직접 일군 교육촌이다.

④ 후베이 성(湖北: 호북)과 후난 성(湖南省: 호남성)

황하 근처에서 살았던 중국인들이 용(龍)을 그려냈다면 장강 유역의 사람들은 봉(鳳)을 만들어냈다. 북방 사람들이 스스로를 황제(黃帝)의 자손이라고 불렀다면, 남방 사람들은 자신들을 염제(炎帝)의 자손이라 여겼다.

고대 중국의 혈연 중심의 사회구조를 더욱 확대해 충(忠), 효

(孝)의 개념을 제도화한 유가의 사상이 북방문화의 소산이라면, 개인의 자유와 초현세적인 관념을 발전시킨 도가(道家)는 남방 문화의 소산이다.

황하와 장강의 문화는 이렇게 서로 달랐다. 중국 현대 사회의 남방문화는 상하이(上海)가 주도하고 있지만, 춘추전국 시대 이래 중국 옛 문명의 발전사에서는 이른바 초(楚)나라 문화가 그 중심에 서 있었다. 중국 남방 문화의 본질을 이해하려면 고대 중국의 춘추전국 시대의 초나라 문화를 먼저 알아야 한다.

초(楚)나라는 지금의 경계로 이해하자면 후베이 성(湖北省: 호북성)과 후난 성(湖南省: 호남성) 두 성이 주축이고 여기에 안후이 성(安徽省: 안휘성)과 허난 성(河南省: 하남성) 일부가 포함된다. 이것은 장강의 중·하류를 포괄하는 지역이다. 삼국시대의 유명한 전쟁터였던 형주(荊州)는 초나라 문화의 핵심 지역이다. 따라서 이 지역 문화를 이야기할 때 흔히 '형초(荊楚) 문화'라고 하는 것이다.

초 문화의 핵심은 무속(巫俗)신앙에 있다. 귀신을 숭상하며 다양한 종교사상을 발전시켰던 초나라 문화는 고분에서 흔히 출토되는 봉황에서 찾아볼 수 있는데 이것은 초나라 사람들이 숭배했던 토템에서 유래한 것으로 훗날 초문화의 상징이 되는데, 초나라 사람들의 풍부한 상상력과 낭만적인 성격을 엿볼 수 있다.

유가와 함께 중국 사상사의 두 축을 이루고 있는 도가는 초나라 사람들의 이처럼 낭만적이며 상상력이 풍부한 문화의 토양 속에서 성장했다. 출생연대가 불확실하지만 노자(老子)는 지금의 하남성 사람이고 장자(莊子) 또한 같은 지역 출신으로 '낭만과 자유'라는 초나라 문화를 바탕으로 도가의 틀을 세웠다.

중국 4대 명절인 단오절(端午節)을 있게 한 애국시인 취위엔(屈原: 굴원)은 초나라 때 명신으로 회왕(懷王)의 실정을 간언하다「이소(離騷)」등 명시를 남기고 강에 빠져 죽었다.

그의 시는 신화와 전설을 바탕으로 깔고 나라에 대한 우국충정을 노래한 것으로 유명하다.

그가 남긴 일부 시에다 후대 사람들의 시를 덧붙여 만들어진『초사(楚辞)』는 북방의 시가문학인『시경(詩経)』과 더불어 중국의 남북문학을 대표한다.

친구 종자기(鍾子期)가 죽자 "세상에 아는 사람 많다지만 내 음악을 알아줄 이는 없다"며 거문고를 타지 않았다는 '지음(知音)' 고사의 주인공 유백아(兪伯牙)도 초나라 사람이다.

이들이 만들어 낸 각종 역사적 유물도 눈여겨볼 만하다. 초나라 유물 가운데 대표적인 봉황 외에 일반 청동기 등은 북방의 그것에 비해 동적이다. 북방의 유물 등에 많이 보이는 직선보다 곡선과 호선을 많이 사용한 점이 눈에 띈다. 유연성과 상상력에 활동성이 강조된 것들이고 정태(静態)보다는 동태(動態)를 앞세운 모양새다.

사람의 성품으로 말하자면 초나라 사람들은 낭만적이며 자유방임적이다.

현세적 성공에 연연하기보다 탈속적인 가치를 중요시했으며 고정된 양식을 받아들이기보다 변형(変形)에 치중했다. 이러한 기질들은 정치적으로 전통적인 '반골(反骨)'들을 낳았다.

이들의 기질은 한마디로 "부드럽게 나오면 받아주고 거세게 나오면 대든다(吃軟不吃硬)"이다. 이처럼 낭만적이며 때론 충동적이고, 심지어는 '나도 황제가 될 수 있다'는 생각으로 황권(皇権)마저 우습게 아는 이들의 기질은 이곳을 거듭되는 전란의 와중에 놓이게 하기도 했다.

멀게는 당(唐)대 말기에 일었던 농민반란인 '황소(黃巢)의 난'을 비롯해 중국 근대사에서 태평천국(太平天国)의 난 등이 이곳에서 직접 발생하거나 여기서 싸움이 확대됐다.

현대사에서는 중국의 마지막 왕조인 청(淸)나라를 무너뜨린 우창치이(武昌起義: 무창기의) 또한 이곳에서 폭발했다.

특히 재미있는 것은 중국 속담에 '지식인(秀才)이 반란을 일으키면 3년 걸려도 성공 못 한다'는 말이 있지만 1911년에 우창(武昌)에서 일어난 반란은 성공을 거뒀다.

무창기의(武昌起義) 때 막전막후에서 혁명을 이끌었던 쑨원(孫文: 손문)은 광둥 성(広東省: 광동성) 사람으로 사건이 일어난 현장에는 없었다. 이러한 상황을 두고 무한(武漢) 사람들은 "말만 앞섰던 쑨원 선생보다 행동이 앞섰던 호북 사람들이 있었기에 혁명이 성공한 것"이라고 평가한다.

중국의 혁명가이자 사상가인 그리고 신중국 건국의 가장 중요한 인물인 마오쩌둥(毛沢東: 모택동)이 바로 이 지역 사람의 기질을 가장 잘 말해주는 인물이다.

또한, 후난 성 출신이고 문화대혁명 당시 그에 의해 숙청됐던 류사오치(劉少奇: 유소기)와 한국전쟁에 항미지원군을 이끌고 참전한 참여했던 펑더화이(彭德懷: 팽덕회) 등이 모두 후난 성 출신이다.

1990년대 중반에 개혁·개방을 추구하고 있는 중국이 당면한 가장 큰 문제가 관료형 부패라고 지적하면서 부패 척결을 위해 "관(棺) 1백 개를 준비하되 내 것도 마련하라"고 강력한 의지를 표방한 이가 바로 이 지역 출신인 총리 주룽지(朱鎔基: 주용기)이다.

문화 대혁명 시기에 후베이 성(湖北省: 호북성)이 낳은 사람으로는 중국 권력 서열의 이인자 자리까지 올랐다가 역모를 도중 소련으로 망명하다 비행기 사고로 죽은 린뱌오(林彪: 임표)도 이 지역 사람이다. 그리고 반군벌(反軍閥) 투쟁에 앞장섰다가 나중에 국가 주석 자리에 오른 리셴녠(李先念), 청나라가 무너진 후 중화민국 초대 총리에 오른 리위안훙(黎元洪: 리원홍),

공산당 창당 멤버인 둥비우(董必武: 동필무) 등이 모두 후난 성 출신이다.

호북성(湖北省)과 호남성(湖南省) 사람들은 매운 음식을 좋아한다. 이들은 식사할 때에 '음식이 맵지 않을까 걱정하'면서 끼니마다 붉은 고추를 곁들였다는 마오쩌둥의 음식습관이 여기에서 나온다.

풍부한 상상력과 낭만적 기질에서 나오는 예측 불허한 성격, 음식이 맵지 않을까 걱정하면서 즐기는 성향에서 보이는 강인함이 초나라, 즉 오늘날 후베이 성과 후난 성 사람들의 대표적 기질이다.

이렇듯 형(荊)과 초(楚)의 초나라 문화권 사람들은 이 후베이 성과 후난 성 지역을 개발했다는 점에서 중국 남방문화의 개척사를 대표하고 있다. 또 이를 통해 중국 한족(漢族)이 광둥(広東)과 광시(広西)로 영역을 넓혀갈 수 있었다. 이러한 상황으로 미루어 초 문화는 중국 남방문화의 모태라고 할 수 있다.

⑤ 광둥 성(広東省: 광동성)

광둥 성 사람들과 역사와 문학을 말하려 하면 "그것은 무의미한 지나간 일"이라며 제쳐놓고 돈 버는 얘기에 열을 낸다. '비즈니스' 또는 '사업'을 중국어로 '셩이(生意: 생의)'라고 하는데, 왜 그런 표현을 하는지 고개가 절로 끄떡여진다.

생의(生意)는 글자 그대로 '살아 있는 뜻'이 바로 그것이다.

특히, 돈을 번다는 뜻인 '빠차이(発財)'의 파(発)와 발음이 숫자 '8(빠)'을 발음할 때와 비슷하다고 해서 숫자 '8'을 지나치리만큼 소중히 여긴다.

이에 관련된 우스운 일화를 하나 소개한다. 갑작스러운 사고로 피부가 찢어져서 병원을 찾은 한 광둥 사람이 의사에게 진지하게 물었다. "몇 바늘을 꿰매야 합니까?" 상처를 이리저리 살핀 의사는 "일곱 바늘을 꿰매야 합니다"라고 대답했다. 그러자 그 광둥 사람은 주저하지 않고 "이왕이면 여덟 바늘 꿰매주세요"라고 말했다.

광둥 성 사람들의 면면을 살피게 해주는 일화다.

중국 현대문학의 대표적인 인물 루쉰(魯迅: 노신)은 그의 저서 『북방인과 남방인(北人与南人)』에서 "북방인의 장점은 중후함이며 남방인은 영리하고 약삭빠르다는 게 장점이다"라고 주장한다. 그는 여기서 그치지 않고, "중후함이 지나치면 어리석음으로 발전하고, 영리하고 약삭빠름이 과도하면 교활해진다"라고 중국의 북방 사람과 남방 사람을 구별했다.

참 의미심장한 말이다.

중국에서 흔히 '남대문(南大門)'으로 일컬어지는 광둥 성 사람들은 북남방문화의 장단점을 두루 갖추었다.

루쉰(魯迅)의 지적대로 광둥 성 사람들은 영리함과 약삭빠름이 지나쳐 교활함을 갖췄으며 이재(理財)에 열심이고 관상, 풍수, 점복에 지나치게 집착한다. 또한, 집집이 돈을 가져다준다는 재신(財神)을 모셔놓고서는 조상처럼 받들어 모신다.

양쯔(揚子: 양자) 강 이남의 다른 남방문화권 사람들과 마찬가지로 이들 모두 한족의 이민으로 형성된 문화에 배경을 두고 있다. 남령으로 가로막혀 인구 이동이 자유롭지 못했지만 이들은 진(秦)나라 이후로 북방의 각종 전란을 피해 남쪽으로 이동한 한족들의 후예다.

원래 인도차이나반도 사람들과 비슷한 월(越)족이 살았던 땅에 한족들이 유입하면서 끊임없는 동화과정을 거쳐 오늘날의 광둥 문화가 형성됐다.

광둥 사람들은 크게 세 갈래로 나뉜다.

광둥 성 성도(省都)인 광저우(広州) 중심의 사람들이 한 갈래이고, 광둥 성 북동부의 메이셴(梅県: 매현) 사람들이 또 한 갈래, 나머지 한 갈래가 남동부의 산터우(汕頭: 산두), 차오저우(潮州: 조주) 사람이다.

인구와 언어 분포가 가장 광범위한 광저우 사람들이 광둥 성 문화의 핵심이며, 메이셴(梅県: 매현) 사람들은 비교적 늦은 시기인 송대(宋代)에 중원지역으로부터 광둥 성으로 이주한 객가(客家)족이다.

'중국의 유대인'으로 불릴 정도로 대규모 상업행위에 능한 산터우(산두: 汕頭), 차오저우(潮州: 조주) 사람들은 언어와 혈통이 동쪽으로 인접한 푸젠(福建: 복건) 계통이다.

메이셴(梅県: 매현)의 객가(客家) 사람들은 뒤늦게 이주해와 환경이 열악한 산지(山地)에 자리를 잡을 수밖에 없었고, 따라서 생존을 위한 근로정신이 몸에 배어 있으며, 산터우(汕頭: 산두) 사람들은 근검절약하고 단결력이 강하고 사업 수단이 뛰어나서 홍콩경제의 상당 부분을 지배하고 있다.

이들 세 부류의 사람들이 그려내는 광둥 문화의 특색은 앞에서 소개했듯이 일단은 '배금주의(拜金主義)'적 성격이 강한데 돈을 좋아하다 못해 사랑하기까지 하는 광둥 인들의 성격은 이 지역이 꽃피워낸 오래된 상업문화에 기인하는 것으로 볼 수 있다.

여기에 이주의 역사에서 키워낸 남방 특유의 임기응변(臨機応変) 내지는 변통(変通)식 기질도 한몫을 하는데 일의 성격에 따라서 방법을 달리하고 요령 좋게 일을 처리하는 태도다.

북방의 기마민족을 피해서 남방으로 새 정착지를 찾아간 한족들이 이주해 가면서 맞닥뜨리는 낯선 환경에 적극적으로 대응하면서 자연스럽게 생겨난 문화다. 현재의 중국 남방문화권에서 이 변통문화가 고루 나타나지만 광둥 성은 이를 더욱 발전시킨 지역에 해당한다.

황제의 권력이 자리 잡았던 중원의 지역에서 가장 멀리 떨어진 남방의 오지라는 점과 거대 산맥인 남령으로 북방의 영향을 차단할 수 있었던 점 등이 이들에게 각종 형식에 매달리지 않고 더 자유롭게 활동할 수 있는 문화적 토양을 제공했다고 볼 수 있다. 한마디로 '산은 높고 황제는 멀다(山高皇帝遠)'는 것이다.

실제로 이러한 이유 때문에 광둥 인들은 북방 사람들에게 반골(反骨)이었다.

지금도 중국 중앙정부는 광둥 성을 특별히 관리하고 있다. 중국의 모든 성(省)은 '현지인의 직접통치원칙'을 적용하지만 광둥 성만은 중앙에서 최고위 관리자를 직접 파견한다.

실제 역사적위 경험을 두고 볼 때도 청(淸)나라가 붕괴하는 데 결정적인 역할을 한 태평천국(太平天国)의 난(乱)은 광둥 출신인 홍수전(洪秀全)이 주도했으며, 서양의 문물이 밀물처럼 닥칠 때 '중체서용(中体西用: 중국의 학문이 몸체가 되고 서양의 실용주의 학문을 쓴다)'의 변법(変法)운동을 주도한 캉유웨이(康有為: 강유위), 량치차오(梁啓超: 양계초) 등이 모두 광둥 성 출신이다.

청나라를 뒤엎고 중국의 역대 왕조시대에 막을 내린 신해혁명의 주연 쑨원(孫文: 손문)이 광둥 성 출신이며, 신해혁명에 이어 국민당의 당수 장제스(蒋介石: 장개석)를 중심으로 펼쳐진 북벌(北伐)전쟁 또한 광둥 성에서 출발하였다.

최근에는 변화에 능동적으로 대응하고 금전을 숭상하며 독특한 기질을 형성한 광둥 사람들의 각성을 요구하는 목소리도 높다. 전체적으로 광둥 인들의 기질은 직관적이고 감성적이다. 감각과 경험을 중시하지만 추상적 이론은 극력 회피한다.

중국의 근대 봉건주의 개혁을 주도했던 광둥 출신의 대학자라고 치부하는 강유위(康有爲), 양계초(梁啓超) 감각주의와 경험론에 비중을 두었다. 또한, 중국의 과거 급제자의 숫자나 유명 문인, 관료로서 역사에 기록된 사람의 수는 광둥 성은 하위권에 해당한다.

⑥ 안후이 성(安徽省: 안휘성)

중원(中原)의 땅에서 양쯔(揚子: 양자) 강 이남으로 움직이는 초입에 안후이 성(安徽省: 안휘성)성이 자리하고 있다. '귤이 회수(淮河)를 넘으면 탱자로 변한다'는 말이 있다. 이 말에서 알 수 있듯 안후이 성을 통과해 흐르는 화이허(淮河: 회수)가 중국의 남방과 북방 문화의 분기점이 되는 지역이다.

지역적으로는 남방에 가깝지만 북방의 인정미를 갖춘 이 지역 사람들의 기질은 '느긋한 성격이 우리의 충청도 사람'과 가깝다. 안후이 성 사람들은 유가의 문화가 강하기 때문에 사람들과의 거래에서 도덕과 예절을 앞세우다가 약삭빠른 타 지방 사람들에게 금전적으로 손해 보는 경우가 많았다.

그렇지만 안후이 성 사람들이 한때 중국의 경제를 좌지우지한 적이 있다. 명(明)대와 청(淸)대에 산시(山西) 성 상인들과 함께 중국의 상업을 주름잡은 이른바 '휘상(徽商)'은 이 지역 출신 상인들을 일컫는 단어다.

중국의 명산 중에서 산세가 수려하기로 유명한 안후이 성 남부의 황산(黃山) 일대는 명청시대에 휘주부(徽州府)가 들어섰던 지역으로 이곳이 바로 휘상(徽商)의 근거지다. 평지보다 산지가 훨씬 많아 논농사가 여의치 못했던 이 지역 사람들은 공부해서 관직에 나가는 것이 아니면 장사를 해서 돈을 버는 일을 택해야만 했다.

지금의 안후이 성 문화는 대게 옛 휘주부가 들어섰던 지역을 중심으로 형성됐다. 산지가 많아 사람들의 생활이 어려웠던 이 지역에서는 송대 정호(程顥), 정이(程), 주희(朱熹) 등 대학자 아니면 유명한 상인이 많이 나왔던 것이다. 보따리를 짊어지고 문을 나서 전국을 떠돌아다니며 돈을 벌어야 했던 이들 휘상이 남긴 일화는 셀 수 없을 만큼 많다.

휘상들은 보통 집을 떠나 중국 전역을 돌아다니며 장사하는데 짧게는 10년이 걸리고, 길게는 30년 만에 고향으로 돌아오는 상인들도 적지 않았다고 한다. 그래서 이 지역에는 예로부터 생과부로 삶을 마감한 아내들이 많았고 큰돈을 벌어 뒤늦게 고향으로 돌아온 남편들이 이들의 영혼을 달래며 정절을 기리기 위해 올린 일종의 정문(旌門, 牌坊이라고 한다)이 많이 세워졌다.

장사를 떠난 서방을 기다리며 매년 새해를 맞이할 때 구슬을 하나씩 사들였던 아내가 죽은 지 3년 뒤에 귀향한 남편이 서랍 속에서 20여 개의 구슬을 보고 통곡했다는 내용의 '기세주(記歲珠)' 일화는 아직도 사람들 구전으로 전해지고 있다.

또 다른 일화는 장사하러 집을 나선 서방을 기다리는 것이 무료해 저녁이 되면 동전 한 움큼을 땅바닥에 뿌렸다가 다시 줍는 일을 새벽까지 반복하다가 곤한 잠에 빠져들곤 했다는 아내들의 이야기도 전해진다.

이와 같은 여자들의 희생을 바탕으로 성장한 휘상들은 생필품인 소금과 차, 포목과 목재에서부터 문구 용품인 서적, 벼루와 먹 등을 팔았다. 이 가운데 특히 소금은 휘상들이 고향에서 대량으로 배출된 고위 관료들의 힘을 얻어서 전매권까지 받아내 큰돈을 벌어들였다.

이러한 휘상의 최대 특징은 관아를 끼고 발달한 '관변상인'인 관상(官商)이었고, 유교적인 질서를 매우 따졌던 유상(儒商)이기도 했는데, 이들은 특히 사람과 사람의 관계를 매우 중요시하면서 상업적인 발전을 이룩해 나갔다.

이러한 연유로 해서 주판의 셈법이 휘상들에 의해 개발되는 등 상업적인 기술의 개발과 전승이 활발했고, 특히 유교적인 분위기가 강했던 휘주 지역의 사람들은 가족에 의한 기술 전승이 다른 지역에 비해 잘 이뤄져 상업적인 우위를 수백 년 동안 유지할 수 있었다.

안후이 성 남쪽에 위치한 휘상들의 고향에는 당시 그들이 거대한 재산을 쌓은 뒤 올렸던 사당(祠堂)과 호화 주택들이 많이 남아 있다. 북방의 건축 양식인 사합원(四合院)식 구조에 개방성을 첨가하여 만든 안후이 성 전통 주택은 구조상의 특징과 외면상의 미관으로 오늘날에도 많은 건축학자의 연구가 활발하게 이루어지고 있다.

춘추전국 시대 제(齊)나라의 재상으로서 탁월한 국가경영을 선보였던 관중(管仲), 한(漢)대의 군사전략가 장량(張良), 『삼국지』로 너무 유명한 조조(曹操)와 주유(周瑜), 청내 문단을 주도했던 동성파(桐城派)의 방포(方苞), 청대 말엽 중국의 개혁·개방을 앞장서 끌고 나갔던 리훙장(李鴻章: 이홍장), 중국 현대 5·4운동을 주도했던 후스(胡適: 호석)와 공산당 창당을 이끌었던 천두슈(陳独秀: 진독수) 등이 있다.

또한, 안후이 성이 배출한 가장 대표적인 인물은 황제의 사위를 벌하고 각종 탐관오리를 단두대에 올린 포청천(包青天)이 있는데 그는 청백리의 상징으로 안후이 성 사람들로부터 대단한 존경을 받고 있으며, 명나라 개국 황제인 주원장(朱元璋)은 아직도 이들이 자랑스러워하는 인물이며, 현재 중국의 최고지도자 후진타오(湖錦涛: 호금도)가 안후이 성 출신이다.

⑦ 산둥 성(山東省: 산동성)

중국에서 사나이를 말할 때 쓰는 '한(漢)'이라는 단어가 있다. 이 앞에 좋을 호(好)자를 붙이면 '호한(好漢)'이 되는데, 훌륭한 남자 또는 영웅을 일컬을 때 사용한다. 중국인과 이야기를 나눌 때 이 '호한(好漢)'이란 단어를 나오면 십중팔구 산둥(山東)성을 먼저 떠올린다.

'예부터 훌륭한 사나이는 산둥에서 나온다(自古山東出好漢)'라는 말이 있듯이 산둥은 영웅과 호걸의 고장이다. 다른 여러 지역도 나름대로 유명한 역사인물을 많이 배출했지만 산둥은 좀 더 특이하다. 이 지역 출신들은 이름 끝에 '자(子)'를 달고 있는 사람이 많다.

공자(孔子)의 예에서 볼 수 있듯이 명칭 끝에 붙는 '자'라는 글자는 어느 한 분야에서 일가를 이룬 사람에게 주어지는 높임말이다. 즉 아무에게나 주어지는 말이 아니란 얘기다.

우선 유가의 시조인 공자가 산둥 성 출신이다. 그 뒤를 이어 맹자(孟子), 순자(荀子), 묵자(墨子), 손자(孫子) 등 춘추전국시대 이름을 떨쳤고 이후의 중국 사상사에 굵직한 획을 그었던 사람들이 모두 공자와 동향이다.

이뿐이 아니다. 중국 역대 최고 재상이라는 제갈공명, 날과 끌, 톱 등을 만들어 중국 목수(木手)의 시조로 불리는 노반(魯

班) 등도 이 지역 출신이다.

이 때문에 '제로(齊魯: 춘추전국시대의 산둥 성을 일컫는 말)에서는 성인(聖人) 아니면 천하제일의 고수가 나온다'라는 말이 전해져 온다.

산둥 성 사람들의 기질도 유별나다. 우리에게 잘 알려진『수호지』의 무대가 이곳이고, 소설에 등장하는 108명의 두령 하나하나가 강직하거나, 성질이 불같지 않으면 하나같이 '사고뭉치' 인물들이다. 자질구레한 것은 신경 쓰지 않으며 직선적이고 호방하며, 돈보다는 명분과 의리에 충실한 사람들, 산둥 인늘의 성격이 이러하다.

산둥 성은 중국문명의 대표적인 유가문화의 발원지이자 다른 어느 지역에 비해 유가의 가르침이 성행했던 곳이고 이 지역 사람들은 인문적이며 사람들 성격 또한 정직하고 호방하며 직선적이다.

이러한 산둥 성 문화의 배경에는 중국 고대 춘추전국 시대 산둥 성 동북쪽을 차지했던 제(齊)나라와 서남쪽 노(魯)나라에서 그 문화의 출원을 찾을 수 있다.

제(齊)나라는 춘추전국시대 비교적 세력이 컸던 나라로서 일찍부터 상업이 발달하였고, 공리주의 문화가 발달하였다. 또한, 유가(儒家)가 발원한 노(魯)나라는 봉건제도와 종법 질서를 중요시하는 보수적인 유가문화가 주류였다.

맹자(孟子)와 순자(順子)의 차이는 근본적인 출발점이 달랐던 것이다. 노(魯)나라 출신인 맹자에게서는 사람의 성품은 태어날 때부터 착하다는 '성선설(性善説)'을 주장했고, 제(斉)나라 출신인 순자에게서는 반대로 사람의 성품은 태어날 때부터 악하다는 '성악설(性悪説)'을 주장했는데, 두 학자의 시각의 시각이 근본적으로 다른 이유가 지역적 특성이 다르다는 것이다.

아울러 산둥 성 사람들은 다른 지역의 사람들과는 달리 중국인들이 좀처럼 즐기지 않는 생식을 즐기는데, 생오이, 생파와 생마늘을 즐겨 먹으며 남과 시비가 벌어지면 몇 마디 지나지 않아 주먹부터 뻗는다는 지적을 받는다. 지방 연극에서도 이러한 성격은 두드러진다.

이러한 성향은 문화적인 측면에서도 잘 나타나 있다. 북경의 경극(京劇)이 귀족적인 고품격의 분위기인 반면, 절강성의 월극(越劇)이 문인적인 분위기로 부드러운 데 반해 산둥 성의 지방극(山東快書)은 매우 직선적이고 전투적이다.

이를테면 '수호전'에서 무송(武松)의 이야기를 묘사하는 장면이 나오는데 다른 음향 설비를 사용하지 않고 곧바로 무송이 호랑이를 때려죽이는 장면부터 보여 주는 식이다.

물론 산둥 성에는 남성의 문화만 있는 것은 아니다. 중국 최고의 여류 문인으로 꼽히는 송(宋)나라의 이청조(李清照)는 산둥을 대표할 만한 인물이다. 요즘 사람으로는 여배우 공리가 있는데 그녀의 강인하고 곧은 이미지가 바로 산둥 성 사람들의 기질을 잘 표현해 주고 있는 것이다.

중국 고대에 제(齊)나라를 세운 강태공(姜太公)과 공자, 맹자, 순자를 거쳐 제갈공명, 양산박의 수많은 영웅호걸, 송나라 때 강렬한 애국시를 남겼던 신기질(辛棄疾), 명나라의 용장(勇将) 척계광(戚継光)들이 산둥 성 출신이다.

오늘날 중국학자들 산둥 성이 고대 동이족(東夷族)의 발원지라고 주장한다. 산둥 성의 문화는 춘추전국시대의 제로(齐魯) 문화로 B.C. 2400~1900년경에 지금의 산둥 성 지역에서 발달한 용산(龍山) 문화가 그 뿌리라고 주장한다.

용산(龍山) 문화는 서북에서 발전한 화하(華夏)계통의 한족(漢族) 문화와는 다른 성질을 달리하는데, 현재 많은 고고학적 발굴 결과를 종합하면 산둥 성의 용산 문화는 동이(東夷) 계통이 확실하다.

이러한 까닭에 산둥 성 사람들은 중국인 중에서 가장 한국인과 비슷한 사람들이다. 물론 기질적인 측면도 그 중요한 요소일 수가 있다. 설상가상으로 우리나라 또한 중국 한(漢)나라 부터 '동이(東夷)'라 불렸다. 오늘날 한국에 정착한 화교들은 청나라 말기부터 중화민국 초기(구한 말 시기)에 한국으로 건너온 산둥 성에서 건너온 중국인들이 대부분이다.

⑧ 쓰촨 성(四川省: 사천성)

쓰촨 성 성도(省都)인 청두(成都: 성도) 지역 사람들의 기질을 극명하게 드러내는 일화가 있다.

한 사람이 흐르는 코피를 멈추려고 하늘을 올려보고 서 있었다. 그러자 거리를 지나던 사람들이 하나둘 몰려들어 하늘을 쳐다보기 시작했다. 이어 거리에 가득 몰려든 사람들 모두 하늘을 쳐다본다. 온통 거리는 하늘을 보는 사람들로 가득 찬 것이다. 그날 전체 청두(成都: 성도) 거리에는 극심한 교통 혼잡이 빚어졌다.

쓰촨 성 사람들은 매사에 호기심이 많고 필요 없는 일에도 관심을 깆고, 아침 일찍 찻집으로 나가 앉아 세상사를 논하기도 하고 마장(麻将)을 밤늦게까지 두다가 집으로 돌아오는 사람들이다. 이들은 지금으로부터 2천여 년 전 거대한 수리(水利) 사업이었던 뚜장엔(都江堰: 도강언) 공사로 생겨난 성도 평원(1만 2,000㎢)에 삶의 뿌리를 내린 사람들이다.

이곳은 예부터 물산이 풍부하고 외지와는 높은 산과 깊은 강으로 단절돼 자급자족형 분지로 유명한 곳으로 원래 촉(蜀)나라의 문명이 자리 잡아 중원지역의 한족(漢族) 문화와는 근본이 다르게 발전하였지만 진(秦)나라 이후에 한족의 끊임없는 남하로 동화(同化)를 거듭하면서 중국 서남지역의 독특한 문화를 키워냈다.

즉, 촉(蜀)의 문화를 바탕으로 한족의 문화가 유입하면서 중국의 남북문화가 한데 융합한 독특한 사천 문화가 형성됐었고, 성도 평원 지역 사람들은 유유자적하고 문학적인 소양이 깊은 문화를 만들어냈다.

쓰촨 성 동쪽에는 충칭(重慶: 중경) 시를 포함한 또 다른 문화권이 들어서 있다. 이곳은 진시황 때 파군(巴郡)이 세워졌던 곳인데, 서쪽의 성도 평원을 중심으로 한 문화와는 또 이질적이다.

이렇게 쓰촨 성 안에는 성도 평원의 촉(蜀)문화와 중경시 중심의 파(巴)문화가 양립했다. 따라서 오늘날 사천의 문화를 표현할 때는 흔히들 '파촉(巴蜀)문화'라고 부른다.

중경 시는 한국과도 특별한 관계를 가지고 있기에 특별히 이 장을 빌어서 상세하게 다룬다.

먼저 중경은 기원전 11세기에 당시 중원과는 다른 문화를 가지고 있는 노예제 부족국가 형태의 파나라를 세웠다. 파(巴)는 사천 성 동부에 있었던 고대 국가이다. 고대 중국의 소수민족의 하나인 토가족(土家族)의 기원은 파 민족으로 거슬러 올라간다.

파는 다양한 민족으로 이루어져 있었다. 파(巴)는 무예전투에서 주(周)나라가 상(商) 왕조를 전복시킬 때 도움을 주었다고 전해진다. 그러나 파(巴)가 역사에 최초로 등장하는 것은 기원전 703년으로, 『춘추좌씨전』에서는 파(巴)가 등에 대항해 초와 군사 동맹을 맺었다고 기록하고 있다.

B.C. 316년에 진나라의 장의(張儀)가 파나라를 정복하고 파군(巴郡)으로, 한나라 때는 익주(益州)로, 삼국시대에는 유비의 촉나라에 속한다.

위진남북조시대에는 형주·익주·파주·초주 등으로 불렸고, 수나라 때는 581년에 가릉강(嘉陵江)의 당시 이름인 유수(渝水)의 이름을 따서 유주(渝州)로 바뀐다. 그 후 송나라 1102년에 공주(恭州)로 바뀌는데, 이 이름은 이곳에 반란의 낌새가 있다고 황제가 이 지역의 이름을 공손하다는 뜻의 공주로 바꾸자 반란 계획이 탄로 난 것을 알고 중단했던 것에서 유래한다. 1189년 남송의 왕자였던 조돈이 공주(恭州)의 왕에 봉해진 후 한 달 만에 광종으로 즉위하게 되자 '경사가 두 번 겹쳤다(双重喜慶)'라는 뜻에서 오늘날의 중경(重慶)이라는 명칭으로 되었다.

중경은 명·청대에 물류의 집산지로 변성하였다. 청나라 말기인 1895년에 청일전쟁에서 진 청나라는 일본과 시모노세키 조약[11])을 맺고, 통상 항으로 개항한다. 그 결과 외자나 민족자본이 투입되어 공업의 근대화를 이루게 됐다.

1929년부터 중경은 중화민국[12])의 수도가 되었다. 중일전쟁

---

11) 중국어: 马关条约, 일본어: 下關条約. 1895년 3월 20일부터 야마구치 현 시모노세키 시에서 열린 청일전쟁의 강화회의로 체결된 조약. 4월 17일 일본제국의 이토 히로부미와 청나라의 이홍장 사이에서 체결되었다. 이 조약은 5개 항목으로 청나라의 조선간섭을 물리치고 일본이 조선과 만주까지 지배력을 뻗칠 수 있게 하였다.

12) 1912년 신해혁명으로 청나라가 멸망하고 성립된 중국(中國) 역사상 최초의 공화제 국가. 1928년 이후로는 중국의 거의 전 지역을 통치하였다. 이후 국민당의 중화민국 정부는 제2차 세계 대전 후 중화인민공화국(공산중국, Communist China)과의 국공내전에서 패배하여 1949년 중국 대륙의 영토를 상실하고 타이완 섬(대만)으로 후퇴, 오늘날 대만의 중화민국.

기간인 1938년부터 1945년까지 중국 국민당 정부의 임시 수도가 되었기 때문에 일본군의 공습을 많이 받았다. 중일 전쟁 중에 남경 시·무한 시 등에서 주요 공장을 이곳으로 피난시켰는데, 많은 공장과 대학이 중경으로 이동해 오면서 중경은 내륙 개항장에서 중공업 도시로 탈바꿈하게 된다. 한때 중국 6대 공업기지의 일익을 담당하였지만, 지속적으로 자본이 투입되지 않아 쇠퇴의 길을 걷게 되었다.

14세기 원나라 말기인 1362년에 중국 쓰촨 성 지역에서 명옥진을 중심으로 하는 농민 혁명이 일어나 중경 지역에 하(夏)나라를 세운다. 대하국(大夏国)의 역사는 그리 오래가지 못하는데 이는 황제 명옥진이 38세의 젊은 나이에 병사하게 되고, 명옥진의 아들인 명승(明昇)은 불과 10세의 나이에 제2대 황제에 등극한다. 어린 황제를 두고 개국공신들의 권력 투쟁과 명승의 모후 팽씨의 섭정으로 나라가 혼란스러운 시기인 1371년에 명 태조 주원장이 부하 탕화(湯和)를 시켜 대하국을 정벌하게 한다.

명조에 투항한 대하국 황제 명승은 남경에서 생활하게 되는데 적응을 하지 못해 이듬해 명 태조 주원장의 권유로 고려로 건너온다. 훗날 그가 한국인 명씨의 시조인 서촉 명씨 시조가 된 것이다. 한국에서는 서촉 명씨 문중의 후손들이 대하국 황제(大夏国皇帝)인 명씨 시조 명옥진(明玉珍)을 제사하기 위해 매년 봄에 한국에서 수십 명의 명씨 문중 후손들이 중경을 방문한다. 이들은 중경 현지의 명옥진 자손들과 같이 매년 제사를 올린다.

　중경 대한민국 임시정부 요인들과 그 가족들 100여 명[13]은 기강 현에서 1년 6개월 머물다가 중경 시에 정착하였는데, 이들 대한민국 임시정부와 광복군은[14] 1940년 9월부터 1945년 11월 환국할 때까지 중경에 머물렀다.

　오늘날에는 중경직할시 전역에 현재 약 3,000여 명의 한국인들이 거주하고 있으며, 중경 시 중심에는 약 400여 명의 한국인이 살고 있다.[15] 그중 절반 이상이 장기 및 단기 유학생이며, 나머지는 기업체의 주재원을 비롯하여 선교사들, 그리고 소상공인들로 구성되어 있다. 매년 4월 13일에는 대한민국임시정부 수립일을 기념하기 위해 한국 국가보훈처와 주성도 한국영사관, 중경 한인회의 주체로 기념행사를 하고 있다. 중경 시에서 한국인들에 대한 이미지는 상당히 긍정적이며, 우리 임시정부의 기념행사에도 중경시 정부의 고위직 공무원들이 함께 참석하고 있다. 이상은 한국과 중경의 특수적인 관계를 설명하고 있다.

---

13) 초기에는 100여 명이었으나, 후에는 구 숫자가 늘어서 300여 명의 한인들로 늘어난다.

14) 광복군은 1940년 9월 17일 중경의 대한민국 임시정부(임정, 臨政) 청사에서 임정 요인들과 현지 한국 거류민 및 중화민국 국방성에서 파견한 군관들이 임석한 가운데 '한국광복군총사령부 성립 전례식'을 거행함으로써 창설되었다. 창군 당시 광복군의 규모는 정확하지 않으나 30여 명 정도로 알려져 있다. 광복군은 중화민국의 지원 하에 활동해야 하는 한계를 가지고 출발했다. 중화민국 정부는 광복군을 인정하는 대신 1941년 11월 '한국광복군 9개 행동준승(韓國光復軍九個行動準繩)'을 하달, 광복군을 중화민국 군사위원회에 예속시켜 중국군 참모총장의 명령과 통제를 받도록 하였고, 이에 임정은 중화민국 총통 장제스를 설득하는 한편 임정 소재지를 미국 워싱턴 D.C로 옮길 것을 계획하는 등의 노력 끝에, 1944년 8월에야 위 준승을 폐기하고 군 통수권을 환수하였다.

15) 2010년 3월 현재 중경시 공안국 외사 출입관리국 통계

쓰촨 성의 출신 인물로 따져보면 물산이 풍부한 촉에서는 역대로 걸출한 문인들이 많이 나왔다. 우선 중국 문학의 정수를 선보인 당대(唐代)의 이태백(李太白), 송대 문호 소동파(蘇東坡)를 비롯해 현대에는 바금(巴金), 곽말약(郭沫若) 등이 이 지역 출신이다.

이에 비해 산지가 많고 토질이 척박한 파(巴)문화권에서는 문인보다는 뛰어난 무골(武骨)이 양산됐다. 『삼국지연의』에서 장비(張飛)에게 잡힌 뒤 항복할 것을 권유받자 "우리 고향에는 머리 떨어진 장수는 있어도 항복한 장군은 없었다"며 이를 뿌리친 엄안(嚴顔)과 중국인민해방군의 대장군인 주덕(朱德), 유백승(劉伯承) 등이 이 지역 출신이다.

때문에 예부터 '파에는 장수가 나왔고 촉에서는 재상이 나왔다(巴有将, 蜀有相)'라는 말이 전해진다.

중원지역인 한중(漢中)으로부터 유입한 북방문화, 초(楚)지역으로부터 서진(西進)한 남방문화가 혼재한다는 사실은 쓰촨 성 문화의 특징이다.

우선 청두평원의 촉 지역 사람들에게는 만리장성을 쌓고, 배타적인 사합원(四合院)식 가옥구조를 만들어 '울타리 문화'를 키운 북방사람들의 기질이 엿보인다.

성도지역은 모든 것을 자체 생산해내는 지역이라 예부터 '천부지국(天府之国)'이란 별칭이 있었기에 아쉬울 게 없었던 촉지방 사람들은 비교적 배타적이며 자기중심적인 사고를 하는 연유가 여기에 있다.

이들은 위에서 언급했듯이 느긋한 기질을 지니고 있다. 전국에서 아침에 일어나는 시간이 가장 늦고, 걸음걸이가 가장 느리며 찻집의 문 닫는 시간이 가장 늦은 곳이 성도이다.

뭐든지 직접 보지 않으면 믿지 않으려 하고, 자신의 판단과 다르면 일단 처음부터 사안을 다시 검토한다. 이런 기질을 '모난 머리(方腦殼)'라고 일컫기도 한다.

파지방을 통해 들어온 남방문화는 이와는 또 다른 성격이다. 남방문화는 이주 개척사에서 생겨난 개방지향형이면서 변화에 능동적으로 대응하는 '응변(応変)'에 핵심이 있다. 따라서 원활(円滑)함을 숭상하고 자주 변화하는 것(多変)을 중히 여긴다.

그러기에 사천인들은 사람들을 대할 때 세 가지 유형으로 변화한다.

첫 번째가 야만인, 다음이 원숭이, 그다음에는 생쥐로 변화한다.

그 내용을 살펴보면 먼저 야만인처럼 무조건 남의 의견을 무시하는데 이때 통하지 않으면 원숭이처럼 온갖 재주를 부리고, 최후에 여의치 않으면 생쥐처럼 눈치를 보면서 일을 마무리 짓는 것이 사천 사람들의 특징이다.

이렇듯 사천 사람들은 느긋하면서도 모든 것을 자기중심적으로 파악하는 북방기질에다 파(巴)지방의 강인한 근로정신, 게다가 변화에 민감한 남방문화의 영향이 겹치면서 사천사람들은 타지방 사람들이 상대하기에 어렵다는 것이다. 이렇듯 사천 지역은 남북문화가 서로 혼합된 중국 서남지역에 자리 잡은 가장 특색 있는 문화지대인 것이다.

예부터 쓰촨 성은 '사람이 뛰어나고 땅은 영기가 있다(人杰地靈)'라고 했다. 앞에서 든 문인과 무인들 외에 쓰촨 성이 배출한 사람으로 빼놓을 수 없는 현대 중국 최고의 인물은 '중국 개혁·개방의 총 설계사'라는 덩샤오핑(鄧小平: 등소평)이다.

그는 중국 현대사의 전개 과정에서 가장 눈에 띄는 인물이다. 개혁·개방의 결심은 그가 추구해 왔던 실사구시(実事求是) 이념을 토대로 생겨났다. 이는 사천인들의 기질 가운데 '보난 머리'의 '방(方)'에서 배태된 것으로 유추할 수 있다.

사회주의를 유지하면서도 자본주의 체제인 시장경제를 도입하겠다는 그의 담대하면서도 기이하기까지 한 실험은 원활함과 변화를 중시한 남방문화의 '원(円)'을 받아들인 것으로 볼 수 있다.

북방문화의 방(方)과 남방문화의 원(円)을 융합하고, 나아가 중국 개혁·개방을 이끈 덩샤오핑은 사천 지방문화의 총합이자 현대 중국이 낳은 가장 걸출한 인물이라는 데에 사천인들의 생각은 일치하고 있다.

⑨ 산시 성(陝西省: 섬서성)

오늘날 중국 동부의 경제 개혁·개방으로 경제발전이 상대적으로 뒤처져 있지만 섬서성(陝西省)은 본래 주(周)나라가 자리했고, 이어서 중국을 최초로 통일한 진(秦)과 중국 문화의 최고 번성기라 일컬어지는 한(漢)·당(唐)이 들어섰던 곳이다. 중국의 역대 9개 왕조가 자리했던, 중국 최고의 고도(古都)를 둔 지역이다.

섬서성의 문화는 서쪽의 이족(西戎) 계통인 진(秦)과 남쪽 초(楚)에서 북상한 한(漢)의 왕실, 본바탕에 해당하는 주(周) 계통의 한족(漢族) 문화 등 세 개의 갈래가 합쳐 이뤄진 것으로 일찍이 문화적 융합성(融合性)을 맹아(萌芽)를 바탕으로 지속적인 발전을 이룬 결과 한, 당이라는 중국 문화의 최고 번성기를 맞이한 곳이다.

'곱슬머리에 푸른 눈의 서역 아가씨, 조용한 밤 술집에서 풍악을 울리네. 소리는 마치 하늘에서 내려오는 듯한데, 밝은 달 아래 고향 바라보며 한없이 울고 있구나.'

지금으로부터 1,300여 년 전 당(唐)의 시인 이하(李賀)가 읊은 악부(楽府)시 형태의 한 구절이다. 당의 수도 장안(長安)의 한 술집에서 일을 하고 있던 서역 아가씨, 이른바 호희(胡姬)를 노래한 내용으로 이 시의 내용을 살펴보면 장안에서 고향을 바라보며 한없이 울었다는 호희는 당나라의 번성, 나아가 고대 섬서성의 개방성과 국제도시의 면모를 엿볼 수 있다.

섬서성의 문화는 '관중(関中)'을 모태로 하고 있다. 사람들이 드나들기 어려웠던 관문(関門)이 사방에 발달해 있어 관중이라는 이름이 붙게 된 이 지역은 동서로 위수(渭水)가 흘러 지나가는 곳으로 남북 1백여 ㎞, 동서 4백여 ㎞에 달하는 비옥한 황토 평원이다.

이외에 북으로는 섬북(陝北), 남으로는 섬남(陝南) 지역이 발달해 있는데 보통 이 세 지역을 '삼진(三秦)'이라고 부른다. 오늘날 섬서 문화를 이야기할 때 별칭으로도 사용하는 단어다.

그래서 인구나 면적, 물산 등으로 볼 때 삼진 가운데 관중이 으뜸이며 섬서성의 문화는 이곳을 바탕으로 발전해 왔으며 중국 농업문화의 발상지로서 전형적인 농촌사회의 모습을 많이 간직하고 있다.

또한, 섬서성의 남자들은 노래 부를 때 울부짖는 타입이다. 말을 할 때도 싸움을 하는 것인지 담소를 나누는 것인지 분간이 안 갈 정도로 시끄럽다. 공활한 지역에서 농사를 짓다 이웃과 이야기할 때 큰 소리로 떠들어야 서로 목소리를 들을 수 있었기 때문으로 보인다. 특별한 일이 없을 경우에는 문을 늘 열어 놓고 생활하며 성격이 내성적이라 말을 잘 못하지만 이들을 놀리면 큰코다친다. 당신이 열 마디 할 때 한 마디도 대꾸하지 못하다가 갑자기 주먹을 내뻗을 수 있기 때문이다.

관중의 경제는 오늘날 왜 다른 지역에 뒤떨어졌을까? 문제는 경제가 낙후했다는 사실이 아니라 이들이 아예 남에게 뒤졌다는 점을 의식하지 못하고 있다는 점이다.

섬서성의 문화적 특징은 농촌사회의 보수적 성격을 갖추고 있고 이들은 솔직하면서 거칠고, 다른 문화에 대해 특별히 거부감을 지니고 있지 않다. 거듭되는 왕조의 교체, 한족과 이민족의 끊임없는 접촉 등으로 이런 문화적 기질이 형성된 것이다.

섬서성을 거쳐 갔던 수많은 왕조의 역사를 두고 보면 이곳의 가장 큰 특징이 '융합'에 있다는 점을 쉽게 발견할 수 있다. 그 융합의 과정이 절정에 달했던 시기는 당나라다.

신라와 일본, 서역의 온갖 나라 사람들이 수도 장안에 와서 유학하거나 상품을 거래했다. 특히 당대에는 서역에서 넘어온 이른바 '호풍(胡風)'의 문화가 왕성했다는 점은 주목할 만하다. 앞에서 예로 들었던 서역의 처녀 '호희' 또한 이 호풍의 산물이다.

당대 장안에 거주했던 외지인들은 10만 명에 달했던 것으로 추정된다. 장안을 중심으로 왕성하게 받아들인 외지문화의 흔적 가운데 대표적인 것은 오늘날 한국에서도 즐겨 먹는 '교자(물만두)'이다. 당대 이전까지만 해도 중국에는 전통적인 국수(당시에는 湯餅이라고 불렀다)만 있었다. 밀가루를 반죽해 그 안에 만두 속을 넣어 만드는 교자는 당대 서역의 문화적 영향을 받아 만들어졌다. 우리가 오늘날 즐기는 수박과 석류(石榴) 또한 이러한 문화적 교류에 힘입은 바 크다.

불교 또한 실크로드를 거쳐 중국으로 들어왔다. 중국 사상을 한껏 윤택하게 한 '문화수입'의 대표적 성공 사례다. 불교와 들어온 산스크리트어는 중국의 음운학(音韻学)에 상당한 보탬을 줬다는 게 지금까지의 정설이다.

섬서성 서쪽의 간쑤성(甘肅省: 감숙성)에서 기원해 산시로 넘어와 중국을 처음 통일한 진(秦) 자체가 이족 문화였으며 그 후로 발전한 수(隋)와 당(唐) 모두 북방의 선비(鮮卑)족과 뚜렷한 연관성을 지니는 등 이곳은 원래 이족 간의 교류가 활발했던 지역이었다.

1천 년 넘게 지속 성장한 장안(長安: 서안 '西安')의 역사는 그 후 중국 북방의 유목민족이 통일 정권을 세우면서 점차 쇠락한다. 외침이 잦은 곳 부근으로 수도를 옮겨 이를 막아야 한다는 전략적 고려 때문이라고 한다. 이후 명(明)나라에 들어서 장안(長安)은 '서안(西安)'의 이름을 얻게 되면서 역사의 변방으로 파묻힌다.

CHAPTER 7

중국의 개혁·개방
(改革·開方)

　중국의 개혁·개방(改革·開方)을 설명하기에 잊서 신중국(중화인민공화국)의 초기 상황과 문화대혁명에 대한 이해가 있어야 한다.

　중국의 문화 대혁명(文化大革命)은 1966년부터 1976년까지 중국에서 일어났던 정치·사회적 혼란기간을 말하는데 공식 명칭은 '무산 계급 문화대혁명'이라고 말한다.

　문화대혁명은 1966년 5월 16일 중국 공산당의 총서기인 마오쩌둥(毛沢東: 모택동)의 제창으로 시작되었다. 당시 마오쩌둥은 중국사회를 자본주의 요소의 부르주아 계급이 공산당을 지배하고 있다고 판단하고 계급투쟁을 통해 이런 것들을 제거해야 한다고 주장하였다.

　마오쩌둥이 문화대혁명을 제창하게 된 동기는 소련의 잘못된 수정주의가 중국에서도 재연되는 것을 방지하고 중국에서 이상적인 사회주의 국가를 건설하기 위한 것이라고 공식적으로 천명하였다. 한편, 마오쩌둥 자신이 시도한 대약진운동에서 파멸적인 결과를 빚어 중국 공산당에 대한 권력과 영향력이 덩샤오핑과 류사오치에게 넘어가자, 이를 만회하기 위해 시도한 측면도 있다.

1969년 마오쩌둥은 공식적으로 문화대혁명이 끝났다고 선언하였으나, 사실상 1976년 마오쩌둥의 죽음과 사인방의 체포까지 벌어졌던 여러 혼돈과 변혁을 통틀어 문화대혁명 기간이라고 지칭한다.

중국에서는 이 기간을 '십년동란(十年動乱)'이라고 부르기도 한다.

문화대혁명은 대다수의 중국인이나 외부인 심지어는 중국 공산당 내에서도 국가적 재난이라고 간주하고 있다. 그러한 까닭에 문화대혁명의 대해서는 다양한 견해가 존재하지만, 중국 공산당의 자체 존립 기반을 위협할 수가 있어서 1981년에 문화대혁명을 마오쩌둥의 과오라고 평가절하했다.

중국 현대사 전개에 있어서 신중국(중화인민공화국)의 사상정화 운동 1949년 공산주의 혁명으로 신중국이 수립된 이후 중국공산당이 실시한 여러 개혁정책은 중국사회에 많은 변화를 초래하였다. 그리고 이전의 지배층들은 "반동분자"의 낙인이 찍혀 재산 및 모든 기득권을 잃는 것은 물론, 처형되거나 수용소에 감금되었다.

연좌제로 인해서 본인뿐만 아니라 가족들도 이런 와중에서 무사할 수 없었다. 또한 중국에는 혁명이 거의 성공할 때쯤에야 공산당 측에 합류한 약삭빠른 기회주의자들도 상당수 있었다. 이들은 공산당 집권 후에도 혁명에 동참했다는 사실을 내세워 지배층에 계속 머물 수 있었다.

중국공산당은 이렇게 사회변화로 벌어진 갈등이나 불만을 해결하고 당내의 불순요소를 제거하는 방법으로 종종 대규모의 사상정화운동을 실시하였다. 그리하여 문화 대혁명 이전에도 공산당의 사상정화운동은 몇 차례 실시되었으며, 그 방법론은 집권하기두 전인 1930년대 말에 벌인 언안 정풍운동 기간 동안 이미 확립되어 있었다. 즉 이런 운동들에서 초기에는 '올바른 사상의 함양'을 주장하다가, 후기로 접어들면 '반혁명세력' 및 '우파'를 숙청하는 것으로 막을 내리곤 했다.

그렇다면 중국의 문화대혁명이 일어나기 전의 중국의 상황을 살펴보기로 하자.

1953년 소련은 최고 권력자인 스탈린 당서기장이 죽고, 흐루쇼프가 등장하면서 그는 스탈린을 독재자로 매도하면서 스탈린 격하운동을 벌인다. 흐루쇼프는 한편으로 서방세계와의 화해를 국가 기조로 삼고 "평화 공존 정책"을 주장한다. 이러한 세계 공산 진영의 최고 수장이었던 스탈린서기장의 격하운동은 마오쩌둥에게는 엄청난 충격이자 경고로 받아들이게 되었다.

이유를 살펴보면 다음과 같다. 당시 마오쩌둥은 서방 세계를 몰

아내기 위해서라면 혁명도 불사하며 "핵전쟁"도 감행할 수 있다는 전투적인 생각을 가지고 있었고, 서방 세계의 평화공존에 대해서도 변함없는 반대의 입장을 가지고 있었다. 이러한 때에 스탈린의 일이 남의 일이 아닌 자신의 일로 다가올 수도 있다는 생각이 들기 시작했던 것이다.

이러한 선상에서 마오쩌둥은 흐루쇼프를 "수정주의자"라고 규탄하고, 소련을 공산주의의 탈을 쓴 전체주의 국가라고 비난하게 되었다. 그리하여 마오쩌둥은 중국도 소련처럼 잘못된 길을 따라갈 수 있다고 판단하고 이것을 방지하기 위해서 대중적 사상운동이 필요하다고 생각하게 된 것이다. 이 운동이 바로 '대약진운동'이다.

중국은 제1차 5개년 계획이 끝난 1957년, 중국 공산주의의 첫 번째 목표인 자급자족의 공산주의 사회를 건설을 위해 공산주의 행동 강령을 가속해야 한다고 마오쩌둥은 주장하였다. 이를 위해 시작된 것이 대약진운동인 것이다. 대약진운동의 내용을 살펴보면 농촌에 집단농업과 집단동원을 위한 인민공사를 설립하고, 산업발달의 잣대가 되는 철의 생산을 증진시키며, 농업생산 목표를 1957년 수준의 두 배로 잡았다.

결과적으로 이러한 계획경제는 실패로 끝났다. 실패 원인으로는 농사보다는 철 생산의 목표량 달성에 급급한 관리들이 농민들을 몰아붙여 농가의 마당에 설치된 구식 화로에서 만든 질 낮은 무용지물 철을 생산하게 한 점이다.. 이러한 연유로 수많은 농기구가 철 생산을 위해 녹여졌기 때문에 농업생산량은 당연히 급격히 감소하였고, 지방 관리는 생산량을 허위로 보고하는 등 산업계는 혼란에 휩싸였다.

당시 중국은 수십 년간 계속된 국공 내전과 중일 전쟁, 항미원조(抗美援助, 한국 전쟁당시 중국의 북한지원)에 따른 경제적 침체 상황에 있었는데, 설상가상으로 대약진운동의 실패는 중국 경제를 깊은 수렁에 빠지게 하였다. 이때부터 중국 공산당 지도부의 권력 투쟁이 첨예하게 대립하였던 것이다.

먼저 한국 전쟁 당시 중공군 수장이었던 국방장관 펑더화이(彭德怀: 팽덕회)는 마오쩌둥의 대약진운동을 제일 강하게 비판하였다. 마오쩌둥은 결국 국가주석을 사임하였고 당주석 자리만 유지하게 되었다.

마오쩌둥은 류샤오치(劉少奇: 유소기)와 덩샤오핑(鄧小平: 등소평)에게, 일시적으로 국가 주석을 주면서 그 반대급부로 팽덕회(彭德怀)를 "우익 기회주의자"로 몰아세워 그를 실각시켰다.

그러나 마오쩌둥의 자급자족 경제관과 류사오치, 덩샤오핑의 새로운 경제 정책은 모순되는 것이었다. 마오쩌둥과 류사오치 사이에 골은 더욱 깊어져 갔다.

설상가상으로 중국의 3년 재난(災乱)(1959년부터 3년간 자연재해)이 극심하여, 식량은 극히 부족했고, 산업생산량은 나락으

CHAPTER 7. 중국의 개혁 · 개방(改革 · 開方)

로 떨어졌다. 이 시기에 중국 전역에 약 2,000만여 명이 굶어 죽었다. 류사오치는 인민공사와 같은 집단화를 해체하는 등 마오쩌둥의 정책을 종식하는 정책을 펴면서 류사오치와 덩샤오핑의 개혁이 성공을 거두기 시작했다.

류사오치와 덩샤오핑의 이러한 개혁 성공으로 중국 인민들, 고급 당원들에게서 신망을 얻게 되지 그들은 마오쩌둥을 실각시키고, 자신들이 최고실권자로 올라서려고 생각하기 시작했다.

이에 대해 마오쩌둥은 자신의 권력을 찾고 류사오치와 딩샤오핑을 제거하기 위해 1963년 "공산주의 교육운동"을 전개한다. 이 공산주의 교육운동은 아래로부터의 운동, 즉 학교에 다니는 아이들을 목표로 한 것이어서 현행 정치와는 영향력이 없다고 판단되었으나 이 아이들이 바로 수년 후 전개되는 문화대혁명

[사청운동(四淸運動)]

의 주요한 세력인 홍위병으로 자라나게 되었다.

동시에 마오쩌둥은 1963년에 계급투쟁의 이상은 항상 이해되고 언제나 적용되어야 한다고 주장하면서 정치, 경제, 조직, 이념에서 불순한 것들을 청산해야 한다는 "사청운동(四淸運動)"으로 류사오치를 비판하기 시작했다.

문화대혁명의 직접적인 계기는 1959년 말에 북경시 부시장이자 역사학자인 우한이 역사 희곡인 「해서파관(海瑞罷官)」을 발표했는데, 내용인즉슨 청백리인 해서가 타락한 횡제에게 파면된다는 내용이었다.

이 글이 발표된 후 처음에는 마오쩌둥도 이 글을 칭찬하였으나, 1965년 마오쩌둥의 부인 장칭(江靑: 강청)과 측근세력인 야오원위안(姚文元: 요문원)이 상하이의 신문인 문회보(文匯報)에서 이 희곡을 비판한 논평을 냈는데 이 희곡은 황제는 마오쩌둥을, 해서(海瑞)는 팽덕회를 은유한 것이라고 주장하면서 마오쩌둥을 폄하한 내용이라 했다.

이 논평을 시작으로 전국적인 논란을 야기했는데, 많은 언론매체들이 언론탄압의 계기가 될 것을 우려하여 표현의 자유를 요구하였다. 중국 공산당은 이 문제를 연구하기 위한 '문화혁명 오인소조(文化革命 5人小組)'를 조직하였는데, 이 소조(小組)는 '현재 학술적 문제에 관한 제강'1)과 '2월제강'2)을 발표하여 "해

CHAPTER 7. 중국의 개혁 · 개방(改革 · 開方)

서파관"에 관한 논란을 정치문제가 아닌 순수한 학술문제로 한정하려고 하였다.

그러나 정치적 야심이 있는 장칭은 상해에서 활동하면서 문예계가 "일부 반당, 반공산주의의 불순세력의 음모"에 의해 지배되고 있다고 주장하였다. 여기에 국방부장이었던 린뱌오(林彪: 임표)가 합세하고 세를 불리기 시작하였다.

1966년 5월, 장칭과 야오원위안은 다시 한 번 「해서파관(海瑞罷官)」을 비판하는 논평을 발표하였고, 5월 16일, 마오쩌둥의 주재 하에서 당 정치국은 문화대혁명의 시작을 상징하는 '중국 공산당 중앙위원회 통지'3)를 발표하였다.

[문화대혁명당시 마오쩌둥과 홍위병]

---

1) 관어당전학술토론등당보제강(關於當前學術討論等彙報提綱)

2) 2월제강(二月提綱)

  1966년의 이후 정치국 회의에서 새로운 '문혁소조(文革小組)'가 구성되었다. 5월 18일 임표는 한 연설에서 "마오쩌둥 주석은 천재이고, 마오쩌둥 주석이 말하는 것은 무엇이든 옳다"며 마오쩌둥의 개인숭배 시작이자 문화대혁명의 시작이다. 이 시기에 장칭과 린뱌오가 권력을 잡고 있었던 것은 두말할 필요도 없는 것이다.

  문화대혁명의 주요한 내용은 노동자 계급이 이념 면에서 직면하고 있는 모든 자본가 계급의 도전과 싸워야 하고, 노동자 계급의 새로운 이념, 문화, 관습, 습관을 이용하여 모든 사회의 구조를 바꾸어야 한다는 것으로 공산주의적 경제 실정과 맞지 않는 교육, 문학, 예술, 그 밖의 모든 구조를 변환하여 공산주의 체제의 확실한 구축에 그 목적이 있다고 규정하였다.

  이 문화대혁명의 주체가 바로 앞에서 언급한 홍위병, 즉 이미 존재하고 있던 학생운동을 노동자, 농민, 그리고 병사들이 집단이 참여하는 전국규모의 대중운동으로 끌어올렸다. 이들은 "내부구조를 전환시키기" 위해 대자보와 논쟁을 사용했다.

[문화대혁명 당시 지식인 탄압]

---

3) 중국공산당중앙위원회통지(中國共産黨中央委員會通知) 또는 5·16통지(五一六通知)라고도 함

　　이러한 결정은 신중국 건국 이래 인민에게 최대의 표현의 자유를 보장하였으나, 이 "표현의 자유"는 마오쩌둥 사상에 의해 범위와 성질이 규정된 것이었다. 또한 언론과 표현, 결사의 자유를 보장하는 제15항, 16항의 자유는 궁극적으로 마오쩌둥의 의중에 따라 진정한 의미가 결정되었다.

　　한편, 새로운 미디어의 보급문화 대혁명에는 새로이 보급되기 시작한 미디어인 라디오가 큰 역할을 하였다. 문화 대혁명의 초

['구세계를 부수고 새로운 세계를 창건하자'는 포스터]

기 준비단계에서, 중국 정부는 모든 학교, 군부대, 그리고 공공 조직에 라디오를 청취한 후 이를 다시 대중에게 전달할 선전자를 임명하도록 하였다.

"중앙인민방송국"의 라디오 방송은 이런 선전활동을 위한 기구였으며, 선전자들은 방송을 듣고 이것을 다시 대중들에게 확산시키는 역할을 했다. 이런 선전자의 수는 1960년대에 4억의 농촌 인구 중에 7천만에 달했다.

이렇게 규정된 자유들에 의거해 홍위병은 "자유롭게" 활동하면서 마오쩌둥주의자가 아닌 모든 사람은 비판을 하고, 고발하여 감옥에 보내거나 실각시켰다.

문혁(문화대혁명)이 한창이던 1969년에 국가 주석을 역임했던 류사오치는 카이펑(開封: 개봉)으로 유배되었다가, 지병으로 사망하였다.

덩샤오핑은 "재교육" 과정을 세 번 거쳐 결국 엔진공장에서 노동자로 수년을 일했다. 저우언라이(周恩來: 주은래)의 도움으로 덩샤오핑은 마오쩌둥에게 자아비판서(1975년 12월)를 쓰고 복권하였다.

1976년 9월 9일, 마오쩌둥이 사망하면서 문화대혁명도 막을 내렸다.

이제 중국의 개혁·개방을 본격적으로 알아보자.

실용적인 개혁파 지도자이자 덩샤오핑은 1978년 12월 18일, 중국공산당 제11차 중앙위원회의 제3차 전체회의에서 "사상의 해방"이 바람직하며, 당과 국가는 "실사구시(実事求是)"로 운영되어야 한다면서 중국 특색의 사회주의 시장 경제인 개혁·개방의 서막이 올랐다.

마오쩌둥의 1인 교조주의와 홍위병의 시대인 문화대혁명 시절 문혁파가 내건 구호가 바로 '자본주의의 싹을 키우느니 사회주의의 풀을 먹겠다'는 것이다. 아무리 못살아도 사회주의만큼은 고수하겠다는 것이다.

그러나 개혁·개방의 총 설계사 덩샤오핑(鄧小平)은 1978년 12월 "사회주의도 시장경제를 할 수 있다"라고 선언했다.

문화대혁명 기간에 박해를 받았던 지식인 계층이 개혁·개방 이후 복권됨에 따라 샤하이(下海)라 불리는 경제활동에 뛰어들어 사회주도세력으로 등장한 반면 문화대혁명의 주역이었으나 개혁·개방에서 소외되어온 노동자, 농민들도 경제적 이익 추구를 위한 행동을 전력 질주하고 있다.

중국인들은 실재적이고 현실적이다. 그래서 현실 생활의 여러 측면에서는 목적 달성을 위해 수단과 방법을 가리지 않는 '삼십육계식'의 사고를 선호한다. 그러나 원칙에 대한 집착도 강하다. 일단 원칙이 서면 이를 함부로 허물지 않는다. 중국 정부의 정책이 또한 그렇다.

덩샤오핑(鄧小平)이 설계한 '사회주의 특색의 시장경제'는 아주 독특한 시스템이다. 사회주의라는 중국의 원칙에 자본주의 시장경제 모델을 추구한 것이다. 사회주의 모델의 원칙을 유지하되 현실적으로는 낙후된 경제를 끌어올리기 위해 자본주의 시장을 도입했다.

이것이 오늘날의 중국이다.

사회주의 특색의 시장경제의 특징은 사회주의라는 '축선'을 살렸다는 점이다.

중국 공산당으로서는 개혁·개방으로 어쩔 수 없이 맞게 되는 개방의 물결에서도 장기 집권을 위한 '축선'을 먼저 설정한 것이다.

만약 축선을 허물면 어떤 일이 벌어질까. 중국 공산당에게 가장 두려운 사실인 것이다.

여기에서 우리는 중국인의 축선에 대한 개념인식을 살펴볼 필요가 있다.

정(鼎)이라고 하는 세 발 달린 솥이 있다. 고대 중국의 춘추전국 시대 이전부터 사용하던 제기(祭器)의 일종으로 대부분 청동으로 만들어졌는데, 제사 때 잡는 희생(犧牲)을 담아 삶는 솥이다. 앞에서 설명한 바와 같이 은(殷) 왕조에 이어 등장한 주(周) 왕조는 이른바 당시 천자(天子)가 존재하는 중원 지역의 중심이었고 그 상징물은 육중한 무게의 이 세 발 솥인 '정(鼎)'이었다. 주나라에는 특별 제조품인 아홉 개의 세 발 솥이 있었는데 이것을 '구정(九鼎)'이라고 부른다.

중국 권력의 상징인 정(鼎)과 황제들의 옥새는 명분·정통성 등을 뜻하는데 이 두 물건은 역대 중국 왕조의 황제들이 줄곧 추구했던 권력의 상징으로, '축선 지향'의 중국식 사고를 나타낸다.
중국 고대 주(周)나라의 천자가 중원의 법통(法統)을 유지하며 그 주변에는 여러 제후국이 존재했던 시대를 춘추(春秋)시대라 한다.

중원 남쪽에 있던 초(楚)나라 장왕(莊王) 때에 나라의 기틀을 재정비하고 국력을 다진 후의 일이다.
장왕(莊王)이 천자의 나라인 주나라를 침범한 융(戎)족을 토벌하러 나섰다.
이윽고 주나라 왕실이 있는 낙수(洛水)에 도착한 장왕(莊王)의 군대에게 주나라의 천자는 왕손만(王孫滿)이라는 고관을 대표로 위문단을 보낸다. 이때 장왕이 묻는 내용인즉, "주 왕실이 보유하고 있는 구정(九鼎)의 무게는 얼마나 됩니까?"이다.
지금도 중국에서 흔히 쓰이는 고사(古事)로 '문정(問鼎)'에 얽힌 일화다.
이 문정(問鼎)이라는 단어는 '엉뚱한 마음을 가지다', '대권을

차이나 매뉴얼

[정(鼎)]

탐내다' 등의 뜻이 있으며 대개 제 본분에서 벗어나는 욕망을 일컬을 때 쓰인다.

고대 중국에서 종주권(宗主權) 혹은 법통(法統), 적통(嫡統)의 상징이 구정(九鼎)인 것이다. 주나라는 이를 통해 자신이 천하의 종주권(宗主權)을 지닌 왕조라는 점을 드러낸다.

중원 남쪽의 초나라의 장왕도 이 '구정(九鼎)'의 존재를 확인하려 하고, 탐낸다는 사실이다.

중국은 중국 특색의 시장경제를 도입하면서, 3단계 경제 발전 전략을 실시하는데 그 내용을 보면 다음과 같다.

먼저 1단계 발전 전략으로 특정한 지역을 먼저 발전시키는 것을 점(点) 전략이고, 2단계 발전 전략은 경제적으로 발전된 이들 점(点) 지역 간을 연결하는 것을 선(線)전략이라 하고, 마지막 3단계에서 이들 연결된 선(線) 지역을 확대해서 이를 전면적으로 확장 발전시키는 면(面) 전략이다.

중국의 지역 경제 발전의 키워드가 점(点), 선(線), 면(面) 전략이다.

사실 개혁·개방 이후 세계 정치·경제의 새로운 축으로 부상한 중국에 대한 국제사회의 시선은 그리 달갑지만은 않은 것이 현실이다. 1989년 6월 4일 천안문 사태에 대한 중국의 태도가 바로 그것이다. 중국은 경제적 성공에도 불구하고 인류의 보편적 가치인 민주와 인권 문제에 아직은 부족한 국가인 것이 사실이다. 정책 투명성도 의문이 많다.

이에 따라 국제사회는 중국에 대한 견제와 협력이 교차하는 이중성을 가진다.

중국이 지속적인 경제 성장을 통해 세계적인 경제주체가 되어 패권을 추구한다는 '중국 위협론'도 있다.

반면에 중국 기회론은 우리에게 매력으로 다가오고 있다. 이것은 중국의 넓은 시장과 잠재적 성장 가능성, 중국 정부의 경제 투자 개발 정책으로 인해서 생겨나는 기회라는 것이다.

이렇게 되자 미국 중심의 국제사회는 '중국 책임론'을 제기한다. 중국이 국제 문제의 '이해 관계자(stake holder)'로서 책임을 다해야 한다는 것이다.

중국도 '할 것은 한다'라는 유소작위(有所作為)를 주창하면서 국제 문제에 본격적으로 참여하기 시작했다.

이제 중국은 실질이야 어찌 됐든 '차이메리카(Chimerica)'라 불리는 미·중 양강 시대를 열어가고 있다. 물론 경제력이나 군사력 등 종합적인 국력에서 중국은 미국의 상대가 되지 않는다. 이 때문에 중국은 유보적 태도를 보이고 있지만 일대일 지위는 아니더라도 미국이 주도하는 국제사회의 중요한 파트너로서 전 지구적 문제의 협력자기 된 것은 분명하다.

중국의 미래에 대해서는 붕괴론부터 국제적 리더론까지 몇 가지 관점이 교차하고 있다. 이러한 상황에서 중국이 위구르 사태에서 보인 태도는 우려를 낳기에 충분하다. 물론 신장위구르 자치구는 중국의 영토이며 분명히 내정 문제다. 그러나 중국이 세계를 이끄는 국가가 되려면 국제사회에 통용되는 보편적 가치를 공유해야 하는 것은 분명하다.

왜 그럴까. 중국 사회 구석구석에 쌓여온 빈부 격차, 도농 간 개발 격차, 지역 간 성장 격차, 민족 간 발전 격차 등 이른바 '4대 격차 후유증'이 하나둘씩 터져 나오고 있기 때문이다.

개혁·개방의 부작용도 드러나고 있다.

중국의 수많은 사회적 난제 가운데 가장 근본적인 큰 문제가 농민·농업·농촌의 이른바 '삼농(三農)' 문제다. 그중 가장 큰 핵심적인 문제가 농민공(農民工: 농촌 출신 노동자) 문제다.

2008년 미국발 글로벌 금융위기로 중국의 연해 도시에 취업해 있던 농민공 수천만 명이 실업자가 되어 낙향했다. 농사를 지어 본 경험이 없는 데다 이미 도시 생활에 익숙해져 있는 이들 상당수가 농촌에 거주하는 것도 문제지만 일자리가 부족한 도시로 회귀하는 것 역시 큰 문제다.

14억 가까이 되는 중국 인구는 2025년께 16억 명으로 증가할 전망이다. 현재 중국의 도시 인구는 약 5억 명. 중국의 도시가 매년 1,000만 명의 농촌 인구를 흡수할 경우 2025년 도시 인구는 7억 명, 농촌 인구는 9억 명이 된다.

무려 9억 명에 달하는 엄청난 수의 중국 농민을 안정시킬 방법을 찾지 못하면 중국의 도시와 농촌 모두에서 발생하는 사회 문제를 해결할 길이 없다. 또한 지금과 같이 '외부의 충격에 취약한' 경제 발전 구조를 '자원 절약적이고, 친환경적이며, 내수에 기초한' 경제발전 구조로 제때 전환하지 못하면 스스로 안고 있는 사회 문제를 해결하기는 무척이나 어려운 상황이 될 것이다.

1990년대 중반부터 시작된 신좌파(新左派) 경향도 예의 주시해야 한다. 이들은 마오쩌둥을 추모하지만, 중국판 제3의 길을 모색하자고 주장하는 세력이다.

그럼에도 불구하고 중국경제는 WTO 가입과 서부 대개발 사업, 거대한 내수시장의 뒷받침 등으로 연 7~8%의 고도성장을 유지할 것으로 보여, 막대한 경제 대국으로 부상하는 것은 자명한일이다.

그 이유는 첫 번째로 중국 산업구조의 변화를 들 수 있다.

최근 중국 산업구조는 전통 제조업에서 첨단 기술 산업으로 전환하고 있다. 특히 가전분야는 세계최대의 가전 생산국으로 부상하였으며, 첨단산업인 IT산업 분야에서도 서구의 여러 국가의 다국적 기업들이 중국의 방대한 시장을 경쟁적으로 진출하고 있다.

두 번째로 중국산업의 성장 원동력으로 이공계 인재의 축적과 철저한 경쟁원리를 들 수 있다. 문화대혁명 이후 중국은 '자력재생'이라는 슬로건 아래 일관되게 기술 인재양성에 노력하였다. 그러한 이유로 인문과학보다는 이공계를 공부하는 자연과학계를 선택하는 경향이 강하다. 수년 전부터 중국은 매년 수십만 명의 이공계 유학생들이 중국으로 복귀하고 있다.

세 번째로, 중국은 거대한 화교경제권을 중심으로 하는 국가로서, 광범위한 화교들의 자본과 기술이 진출하고 있다. 1979년부터 중국으로 유입되는 자본과 기술의 상당 부분은 화교자본과 직·간접으로 연계되어 있다.

네 번째로, 저비용의 생산기지를 들 수 있겠다.

풍부한 노동력을 확보하고 있는 중국은 노동집약적 산업과 상업계 기술 인력을 필요로 하는 부분에서 매우 매력적이다. 그리고 오랜 기간에 걸쳐 실시한 기초교육중시정책과 저임금 정책은 부문별, 지역별 소득격차도 크지만 아직도 중국 노동력은 경쟁력이 있다.

다섯 번째로, 철저한 경쟁 시장 경쟁 원리에 돌입하였다. 중국은 제조 시장의 경우 한국, 일본보다 더 국제시장화되어 경쟁이 심한 시장이다. 이제 중국은 국유기업에 의해 주도되던 시대와는 달리 외자기업, 사기업, 국유기업의 '삼각경쟁' 시대에 들어섰다.

제조시장뿐 아니라 노동, 금융 및 자본시장에도 적용되었고, 중국의 인사제도는 능력주의와 실적주의로서 고용 시 서명에 의한 노동계약은 한국이나 일본보다 훨씬 자세하다.

여섯 번째, 중국시장은 하나가 아니다.

중국정부는 현대화를 내걸고 개혁·개방정책을 시작할 때 홍콩 대만과 인접한 중국 남부의 4개 도시를 경제특구로 선정하여 개발하였고 이어서 남부 연해의 14개 항구도시를 경제개발구로 선정하였다. 그리고 이어서 주강 삼각주와 랴오둥 반도와 산둥 반도를 포함하는 발해만을 차례로 개방하였다.

중국정부가 개혁·개방 정책을 추진하는 데 지역별 우선순위를 두고 10여 년이라는 오랜 기간에 걸려 점진적인 개방정책을 실시한 것이다. 이처럼 중국정부가 전 국토를 분할하여 순차적인 개방정책을 선택한 것은 그만큼 중국이 거대하고, 지역마다 나름의 경제발전수준, 발전 잠재력, 지리적 위치 등 각 측면에서 전략적으로 차별성을 때문인 것이다.

이러한 접근은 기업들의 시장 진출 전략에도 마찬가지이다.

중국정부가 중국을 경제적으로 동부, 서부, 남부 3개 지역으로 구분한 것은 1980년대에 확립된 것이다. 중국의 동부 연해 지역은 대부분의 경제력이 집중되어 있다고 해도 과언이 아니다.

동부는 다시 화남, 화동, 발해 경제권으로 구분되며, 여기에다 중부와 서부를 다시 고려하면 중국시장에 대한 기업차원의 접근 전략은 권역별, 성별, 도시별로 다양히게 세분하여 다룰 수 있게 된다.

일곱 번째는 4연 정책의 성공이다.

4연 정책은 연해(沿海), 연강(沿江), 연변(沿邊), 연항(沿港) 정책을 말한다.

1. 연해(沿海) 정책은 1980년대 개혁 · 개방의 첫 단계에 중국의 해안선을 따라서 4개의 경제특구, 14개의 연해 도시, 장강, 주강 삼각주지역과 랴오둥 반도와 산둥 반도를 포함하는 발해권을 차례로 개방하여 우대정책으로 개발을 추진한 것이다.

2. 연강(沿江) 정책은 주로 장강 지역과 주강 지역에 적용되는 것이다. 장강을 중심으로 상해에서 중경에 이르는 장강 연안 지역을 개방한 것이다. 중국정부는 1992~1993년에 장가 연안

에 대한 개방, 개발계획에 착수하였는데, 상해 푸동 지역 개
발이 대표적이다.

3. 연변(沿邊) 정책은 변경지역의 경제적 낙후를 위하여 지역
   격차를 해소하고, 균형발전을 꾀한다는 것이다. 헤이룽장
   성의 주로로 시작되어, 요령과 길림, 운남, 티벳, 신강으로
   확대되었다. 변경 소수민족의 불만과 밀거래의 횡행으로
   중국정부의 경제외적인 통제가 많다.

4. 연항(沿港) 정책은 1992년 9월 유라시아 철토의 계통을 계
   기로 장쑤 성의 연운항에서 출발, 난주를 거쳐, 구소련을 비
   롯하여 유럽으로 통하는 철도를 활용하는 정책이다. 이 철
   도의 개통으로 황허 강 하류, 관중 평원 등의 지역이 개발
   의 계기를 마련하였다.

이러한 4연 정책은 지난 30여 년간 개혁·개방의 점진적 추진
을 성공적으로 이끄는 결정적인 영향을 미친 것으로 볼 수 있다.
4연 정책의 핵심은 연해(沿海) 정책과 연강(沿江) 정책이며, 이것
은 동부지역 집중개발전략을 의미한다. 연변(沿邊) 정책과 연항
(沿港) 정책은 이것을 보조 보완해주는 것으로 설명될 수 있다.
  여기에서 부정적인 면도 살펴보기로 하는데, 중국산업의 문제
점을 몇 가지 말해보자.
  먼저, 중국정부의 한계가 중국의 성장을 위협한다는 지적이다.

중국은 지방 분권화에 의존하여 개혁이 진행되어 왔기 때문에 중앙정부의 통제능력과 정책수단에 제한이 있다. 효과적인 정책 집행을 위해서는 중앙정부의 재정 금융상의 정책수단이 가장 중요하지만, 분권화 개혁과정에서 중앙정부의 재정능력이 크게 하락하였다. 그리고 높은 외자기업의 비중으로 효과적인 산업정책의 집행에 제한이 있다.

중앙정부의 효율적인 산업정책 추진이 안 되는데 중국은 수많은 공업 주관 부처들이 병립하여 체계적이고 일관된 정책 수립이 어렵다.

두 번째로 무분별한 투자와 공급과잉의 문제점을 지적한다.

1980년대 초반부터 1990년대 중반까지의 저기술 분야의 확장노선이 결과적으로 과잉투자를 초래하여 공급과잉을 초래하였다. 이로 인하여 불량 채권이 양산되었고, 이것을 해결하기 위한 산업구조의 전환이 필요한데 문제 해결의 어려움이 지속되고 있다. 설상가상으로 중국의 민영기업은 대부분 가족경영이기에 그 투명성에 신뢰를 가질 없기에 장기적으로 경쟁력이 약화 될 수가 있다는 주장이다.

셋째로 기반산업의 미숙과 산업의 불균형 성장을 지적한다.

무분별한 외자기업유치로 불균형적인 산업 구조를 초래하였다.

가령 대부분의 공업부품이 공급과잉임에도 불구하고 주요 공업 부품은 주로 수입에 의존한다. 예를 들어 철강 생산량은 96년 이후 연속 1위를 유지하고 있지만, 주요 철강 제품은 수입에 의존한다. 가전제품은 중국의 주력산업임에도 불구하고, 가전제품용 플라스틱은 매년 800만 톤 이상을 수입하고 있을 정도로 기반 산업이 건강하지 못하게 성장하고 있다는 것이다.

중국 공산당
(共産黨)

중국은 인치(人治)의 전통이 강한 나라다. 공산당이 집권한 신중국 건국 이후에도 더더욱 그러했다. 중국 공산당은 헌법과 동급의 권위를 갖는다.

1978년 개혁·개방 이후 중국은 경제 발전에 매진해 왔다. 그러나 경제에 공짜 점심은 없는 법이다. 고도성장의 이면에는 부정부패와 사회 갈등 등이 존재하기 마련이다.

[중국의 전국인민대표대회]

특히 정부 고위급 인사의 부정부패는 공산당의 존립 기반마저 흔들고 있는 것이 사실이다. 후진타오(湖錦濤: 호금도) 중국 공산당 총서기는 2007년 17차 당 대회에서 "부패 척결은 공산당의 생사와 관련된 문제다"라고 규정하고 사태의 심각성을 발표했다.

또한, 현재 중국 공산당이 직면한 가장 큰 문제는 기득 권력층과 대중 사이의 갈등이다.

'부패'와 '사회 갈등'의 두 가지 문제는 중국공산당이 낭면한 최대 문제다.

흥미로운 건 이런 문제들이 중국공산당의 성공을 가져온 바로 그 요인들에 의해 초래됐다는 점이다. 먼저 중국의 가장 심각한 문제로 지목되는 부패는 개혁이 전개된 방식과 밀접한 관련을 맺고 있다는 특징이 있다. 개혁은 정책을 실천에 옮길 관리들에게 권한을 이양하는 방식으로 진행됐고, 이 과정에서 이양된 권력은 궁극적으론 경제적 부와 결합됐다. 이 같은 권력과 부의 이중주는 중국의 경제 발전에 동력을 제공했지만 동시에 부패로 이어지기도 한 것이다.

부패는 집권 공산당의 정당성을 약화시킨다. 이것은 부패의 핵심에 권력을 장악한 공산당이 있기 때문이다. 홍콩의 한 시사지에 따르면 2008년 한 해 형사처벌을 받은 공산당원 수가 무려 28만 7천여 명에 달한다고 한다. 사태가 이쯤 되자 위기의식이 높아지면서 부패척결을 강행할 수밖에 없는 것이다.

그렇다고 부패 문제가 근본적으로 해결되지 않는다. 아이러니하게도 부패 척결의 주무 기관이 공산당이기 때문이다. 공산당의 부패를 제대로 척결하기 위해선 독립된 사법 기관이나 당으로부터 독립된 반부패기구가 필요하다. 그러나 중국공산당은 이런 외부로부터의 진정한 경쟁과 감독을 허용하려 들지 않는 것이 문제인 것이다. 이유는 이런 기구들이 당의 권력 독점을 위협할 가능성이 있기 때문이다.

중국공산당이 직면한 또 다른 문제는 사회적 불안징이다. 2000년대 들어 급증하기 시작한 집단시위(群体性事件)는 2005년 무려 8만 7천 건에 달했다. 집단시위가 급증하자 놀란 중국 정부는 자료 공개를 중단했다. 그러나 이전의 추세를 감안할 때 그 수는 이미 연 10만여 건을 넘어서는 것으로 추산된다. 중국의 사회적 불안정 또한 기본적으로 개혁이 추진된 방식과 밀접한 관련을 갖는다. 중국의 개혁은 경제 발전에 중점을 뒀고, 이는 엘리트주의적 방식으로 진행됐다. 개혁은 경제 발전에 공헌할 수 있는 능력과 전문성을 가진 관리와 경영자 등 엘리트층의 목소리를 증대시킨 반면에 대중의 영향력은 급격하게 약화시킨 것이다.

1990년대 초반까지만 해도 전체 당원의 3분의 2를 차지했던 노동자와 농민의 비중이 급감하기 시작했다. 사영 기업가의 입당이 공식적으로 허용된 다음 해인 2003년의 경우 공산당원 중 노동자와 농민의 비율은 50% 이하로 줄어버렸다. 이는 중국 공산당이 집권당화하면서 엘리트 정당으로 변모했음을 의미한다.

이 같은 엘리트주의적 접근은 중국의 경제 발전엔 기여했지만 동시에 빈부격차를 확대시켰다. 이처럼 개혁은 사회의 부정적 요소를 양산함으로써 권력 집단과 대중 간의 갈등을 확대시켰다. 이런 상황에서 자신의 이익을 확보하지 못한 인민들은 시위로 자신의 의사를 표출하려 들었다. 사태를 크게 확대시켜야만 언론매체나 중앙의 관심을 끌 수 있고 따라서 숙원도 해결될 것이라는 판단이 대중을 거리로 이끈 것이다. 중국에서 발생하는 전체 집단시위 가운데 농민과 노동자에 의한 시위가 65%를 차지하는 이유다.

중국공산당으로서는 이 같은 문제를 해결하고 지속적인 권력 유지를 위해선 혁신적인 조치가 시급하다. 그러나 문제는 이런 혁신 도입이 쉽지 않다는 점이다. 우선 그동안 중국의 개혁을 주도해 온 엘리트들이 기득권을 세력화하면서 추가적인 개혁에 저항하고 있기 때문이다. 또 혁신 조치 도입에 대한 당내 합의 도출도 쉽지 않다.

실제로 당내 민주와 같은 최소한의 변화만을 도입하려는 지도부의 시도에 대해서도 일각에선 "당내 민주가 인민 민주에 뒤져 있다"는 비판을 제기한다. 당내 이견을 어떻게 조화시키고 또 필요한 혁신을 어떻게 효과적으로 도입할 것인가는 경쟁 세력이 없는 중국공산당의 운명에 중대한 영향을 끼칠 것이다.

다음은 중국 공산당의 외교 정책의 살펴보자. 중국은 외교 강국이다. 중국 역대 봉건왕조 시대부터 자국(自国)을 중심으로 설정한 뒤 주변과의 관계를 조율해 왔기 때문인 것이다.

현재의 중국도 자신의 오랜 전통적 경험을 바탕으로 세계의 초강국을 향해 나아가고 있다. 그 발판은 가장 역동적인 지역으로 부상하는 동아시아에서의 변화이다.

신중국 건국 초기 중국공산당은 소련에만 이존하는 '일번도정책(一邊道政策)'을 추구해 왔다. 그 후 중국은 사회주의와 미국이 각각 하나의 지대이고 나머지는 모두 중간지대라는 '중간지대론'을 구축했고, 1960년대 말에는 고립에서 벗어나기 위해 '죽의 장막'을 걷어내기 시작했다.

1976년 혁명 1세대들의 잇따른 사망과 문화대혁명이 끝나고 덩샤오핑은 비동맹, 전방위 외교를 강조했다. 그러나 1989년 천안문 사태와 1990년대 초 구소련 몰락과 동유럽의 해체는 중국에게 상당한 충격이었다. 이에 중국 공산당은 서방의 견제로 중국은 '실력을 갖추기 전에는 앞에 나서지 않는다'는 덩샤오핑의 '도광양회(韜光養晦)' 전략이 채택되었다.

이후 중국은 국력이 향상되면서 외교 전략을 바꾸기 시작했다.

21세기 들어선 국제 사회에서 대해 '필요한 말은 다 한다(有

所作為)'는 태도를 보이고 있다.

중국 대외관계의 축은 강대국외교, 주변국외교, 개도국외교, 그리고 유엔 중심의 다자외교를 포함하는 '4개 외교전선(四条線)'이다. 이를 통해 170여 수교국과의 관계를 관리해 가고 있다. 강대국 외교에서는 신흥대국의 자신만만한 얼굴로, 주변국 외교에서는 우호적인 이웃의 모습으로, 개도국외교에서는 개도국의 대변자이자 리더로서, 그리고 유엔에서는 책임지는 대국이라는 다양한 정체성을 실험하고 있다. 이러한 외교는 중국 공산당 정치국 상무위원 9인이 움직이는 정상 밀착외교가 우선 큰 줄기다. 이들은 역할 분담을 하면서 해외순방에 나선다. 이들이 정기적으로 참가하는 다자정상회담만도 아세안+3, 아시아·태평양경제협력체(APEC) 회의, G20 등 10여 개가 넘는다. 여기에 초청외교까지 포함하면 한 해 동안 170여 수교국과의 면 대 면 밀착 외교를 소화해 낸다.

동반자외교도 탈냉전 시대에 중국 공산당이 새롭게 모색하는 외교 방식의 하나다. 다양한 국가와 협력관계의 틀을 맺어 미국 중심 체제의 근간이 되고 있는 중첩적 군사동맹(hub and spike)의 대체재임을 암시하고 있다. 국가별로 상이한 수식어가 붙은 20여 개 유형의 맞춤형 전략적 동반자관계를 구축해 가고 있다.

그러나 중국의 부상과 함께 이런 행태에 변화가 초래되기 시작했다. 국력의 증대와 함께 진정한 세계 강대국은 자신이 소재한 지역에서 주도권을 확립함으로써 이뤄진다는 인식이 부상했다. 이후 중국은 동아시아를 하나의 지역으로 보기 시작했고, 이 지역에서의 영향력 확장을 위해 '동아시아의 일체화' 과정에 주의를 기울이고 있다.

중국은 2002년 16차 당 대회에서의 정치보고를 통해 선린우호와 지역협력 정책을 중국이 전통적으로 강조해온 양자관계와 함께 대외정책의 중요한 요소로 부각시켰다. '동아시아에 근거를 마련해 세계로 나아간다(立足東亜 走向世界)'는 동아시아 전략이 등장한 것이다. 중국의 강력한 부상을 꺼리는 일부 이세인 국가를 의식해 중국은 미국 · 일본과 협력하는 지역 내 '3강 체제 구축' 등 다양한 전략을 구상 중에 있다.

'가까운 이웃이 먼 친척보다 낫다(遠親不如近隣: 원친불여근린)'는 말이 있다. 한 · 중 양국이 실현하려는 이상적 관계를 표현한 말이기도 하다. 그러나 현실은 만족스럽지 않다. 중국 외교에서 차지하는 한국의 비중이 떨어지고 있는 것이다.

선당(先党) 정치구조의 중국공산당 중국 헌법 전문에 "중국의 각 민족과 인민은 지속적으로 중국 '공산당의 지도(指導)' 아래 마르크스 · 레닌주의와 마오쩌둥(毛沢東) 사상, 덩샤오핑(鄧小平) 이론과 장쩌민(江沢民)의 '3개 대표' 중요 사상의 지도 아래, 인민민주주의 전제정치와 사회주의의 길, 개혁 · 개방 정책을 고수하고 ……(중략)…… 중국을 부강하고 민주적이며 문명화된 사회주의 국가로 만들어 나가야 한다"라고 기록되어 있다.

이 중국 헌법은 1954년 첫 반포된 이래 2000년대의 수정 본에 이르기까지 '중국 공산당의 지도(指導)'란 문구는 절대 불변의 원칙이다. 중국역시 입법·사법·행정기관은 존재한다. 그렇지만 우리나라의 민주주의처럼 삼권분립의 원칙은 없다. 공산당이 입법·사법·행정 그리고 군대 위에 군림하는 독특한 권력구조를 갖고 있다.

중국 공산당은 1921년 7월 23일 창당해 1949년 10월 1일에 신중국을 세웠다. 마오쩌둥은 대장정 도중인 1935년 준이(遵義)회의에서 당권을 장악한 후 1976년 사망할 때까지 41년 동안 절대 권력을 누렸다. 공산당 주석으로 불리던 공산당 최고 지도자 명칭은 1981년 6월 후야오방(胡耀邦: 호요방) 때부터 공산당 총서기로 바뀌었다. 공산당의 최고 권력기관은 5년마다 열리는 전국대표대회다. 2007년을 기준으로 10월 15일부터 21일까지 열린 17기 당 대회에는 전국 당원 7,336만 명(2007년 6월 기준, 2008년 말 기준 당원은 7,593만 명) 가운데 대표 2,213명이 베이징 인민대회당에 모인다.

그 밖에 후보 중앙위원 167명과 중앙기율검사위원회 위원 127명을 선출했다. 중앙위원들은 1년에 1회 내지 2회 전체회의를 갖는다. 공산당 제17기 중앙위원회 제4차 전체회의(17기 4중전회)는 지난 15일부터 18일까지 개최됐다.

당의 일상 업무는 중앙정치국이 맡는다. 17기 중앙정치국원은 25명이다. 이들 중에서 9인의 상무위원회가 구성된다. 당 서열 9위까지의 상무위원들이 최고 권력을 분점한다. 중앙위 사무국 역할은 6명으로 구성된 중앙서기처가 담당한다. 당원의 태도와 기율을 감독하는 중앙기율검사위원회와 군부를 지휘하는 11인의 중앙군사위원회가 있다.

중국 공산당 조직은 성, 자치구, 현, 시 등 지방 단위에도 당위원회의 명칭으로 존재한다. 학교, 직장 등 거의 모든 조직에 372만 개의 당 위원회가 거미줄처럼 뻗어 있다. 당 정책을 관철하는 세포조직 역할이 그들의 임무다.

공산당원이 되기 위해서는 18세 이상으로, 당원 2명의 추천과 당 기관의 심사와 비준이 필요하다. 지난해에만 1,945만 명이 입당을 신청했다.

중국의 군사 최고 권력기관은 중앙군사위원회다. 형식적으로는 공산당 중앙군사위원회와 국가 중앙군사위원회로 나뉜다. 멤버는 같다. 현행 헌법에 따르면 전국인민대표대회가 중앙군사위원회 주석을 선출한다. 주석이 구성원 인선을 결정한다.

한국의 국방부와 같은 기관은 국무원 산하의 국방부다. 한국은 군대를 '국군'이라 부르지만 중국은 인민해방군으로 부른다. 당의 군대로 국가의 군대가 아니라는 의미다. '인민'을 '해방'시키는 '군'이라는 명칭이 보여주듯 공산당은 "권력은 총구에서 나온다"는 마오쩌둥의 말을 여전히 받들고 있다. 80년대 한때 인민해방군의 국군화가 추진됐으나 89년 천안문 사태로 당의 권력을 뒷받침하는 군의 위상은 더욱 강화됐다.

인민해방군은 중심에 총참모부와 당과의 연락을 담당하는 총정치부, 후방 지원을 맡는 총후근부(総後勤部)를 뒀다. 98년 총장비부(総裝備部)가 신설됐으며, 군 장비의 현대화와 연구개발을 담당한다. 지방 차원에선 베이징(北京)군구, 선양(瀋陽)군구, 난징(南京)군구, 지난(済南)군구, 광저우(広州)군구, 청두(成都)군구, 란저우(蘭州)군구 등 7대 군구와 그 아래 각 성 군구가 설치돼 있다. 80년대 덩샤오핑에 의한 100만 병력 감축 이래 꾸준히 병력 감축이 진행되고 있다.

현재 중국 공산당은 아시아 최강의 군사력을 향해 경주하고 있다.

중국의 군사력은 현재 세계 5위 안팎으로 평가받는다. 중국 인민해방군은 현재 병력 230만 명의 세계 최대 상비군으로 성장했다. 중국의 군사력은 아시아에서 일본과 어깨를 나란히 하거나 바짝 쫓는 수준이다.

2010년 스웨덴 스톡홀름평화연구소(SIPRI)의 연례보고서에 따르면 중국은 지난해 849억 달러를 군사비로 지출해 군비 지출에서 세계 2위로 올라섰다. 중국의 군비 증강은 최근 10년 사이 2배(194%) 증가해 증가 속도가 세계 군사대국 10강 가운데 가장 빠르다. 군비 지출 1위 미국(6,073억 달러)의 14% 수준이지

차이나 매뉴얼

만 한국(242억 달러·11위)의 3.5배에 이른다.

중국은 미국 러시아에 이어 세계 3대 우주강국이기도 하다. 중국은 지난해 3번째 유인우주선을 발사했다. 또 세계 3번째로 우주 유영에 성공했다. 현재 화성탐사 계획을 진행 중이다. 최근에는 2020년까지 우주정거장을 건설하겠다고 발표했다.

중국 스스로도 자신감을 드러내고 있다. 량광례(梁光烈) 중국 국방부장은 최근 신화통신과의 인터뷰에서 "우주에 군사위성이 있고 하늘에 젠(殲)-10 전투기, 육지에 최신 미사일과 탱크, 바다에 신예 구축함이 있다"고 밝혔다. 량 부장은 이런 첨단 무기들은 서방의 최신 무기와 대등하거나 이에 매우 근접한 수준이라고 자평했다

중국의 최고 국가 행정기관은 국무원이다. 대표는 원자바오(溫家宝) 총리다.

국무원은 전국인민대표대회(우리나라의 국회에 해당)의 집행기관이다. 전국인민대표대회에 책임을 지며 활동을 보고한다. 산하에 부·위원회, 직속특설기구, 직속기구, 사무기구 등이 있다. 국무원 임기는 전인대와 동일하며 총리, 부총리, 국무위원은 3선이 금지돼 있다. 현행 헌법에 따르면 국무원 상무회의는 총리, 부총리, 국무위원과 국무원 비서장이 참석한다. 현행 국무위원은 82년 기구 개혁 때 13명의 부총리를 2명으로 줄이면서 해임된 부총리 가운데 9명을 국무위원으로 임명하면서 생겨난 직

CHAPTER 8. 중국 공산당(共産黨)

위다.

국무위원은 각 부의 부장 또는 위원회 주임을 겸할 수 있으며, 총리 또는 국무원 상무회의의 위탁을 받아 일정한 활동 및 특정 임무를 담당할 수 있고, 국무원을 대표해 외교활동을 할 수 있다. 현재 국무원에는 리커창(李克强), 후이량위(回良玉), 장더장(張德江), 왕치산(王岐山) 등 네 명의 부총리와 류옌둥(劉延東), 량광례(梁光烈), 마카이(馬凱), 멍젠주(孟建柱), 다이빙궈(戴秉国) 등 다섯 명의 국무위원이 포진해 있다.

지방 행정기관은 지방 인민정부라 부른다. 5개의 직할시를 비롯해 자치구를 포함한 지방 성 아래에는 시, 현, 향, 진의 행정조직이 존재한다. 국가기관 근무자는 과거 '국가 간부'라 불렸으나 93년 '국가공무원잠정조례'가 공포된 이래 공개 시험에 의한 공무원 제도가 본격적으로 도입됐다. 또한 국무원 각 부서와 위원회에도 당 조직(党組)이 설치되어 무둔 부서가 철저한 공산당의 지도로 감독된다.

전국인민대표자 대회는 중국의 입법기구다. 헌법에 따르면 국가기관 중 최고 권력기관으로 공산당의 지도를 받는데 서방 언론이 '고무 도장'이라고 부르는 이유다. 국내에서도 "유권자를 찾아 악수하고, 보고를 듣고 박수치고, 선거 표결에서 거수하고, 대회가 끝나면 손을 흔든다(揮手)"는 의미의 '사수대표(四手代表)'라 부른다.

전국인민대표자대회는 성, 직할시, 자치구 및 군대에서 선출한 대표로 구성된다. 임기는 5년이며 매년 3월 한 차례 대회를 연다. 정부 활동 보고, 법률 제정, 경제계획 보고, 예·결산 보고를 받는다. 2008년 3월 시작된 11기 전국인민대표자 대표는 총 2,987명이다. 전국인민대표자 대표는 또한 국가 주석과 부주석, 국무원 총리 선발권도 갖는다. 지난해 3월 후진타오(胡錦濤) 국가주석은 찬성 2,956표, 반대 3표, 기권 5표, 시진핑(習近平) 부주석은 찬성 2,919표, 반대 28표, 기권 17표를 얻었다. 수장은 권력 서열 2위 우방궈(吳邦国) 상무위워장이다.

매년 3월 전인대에 앞서 전국인민정치협상회의(정협)가 열린다. 이는 1946년 처음 탄생했다. 이후 신중국 건국 직전인 1949년 9월 공산당에 협력하는 8개 민주당파가 모여 '연합정부'를 세우기 위한 (신)정협 1차 회의가 개최됐다. 건국 초 민주당파 출신이 부장(장관)에 임명되기도 했으나 57년 반우파 투쟁 이후 정권 참여 기회는 사라졌다. 권력 서열 4위 자칭린(賈慶林)이 주석으로 있는 현재 정협은 '공산당 지도하의 다당 협력, 협상제'를 상징하는 사실상 유명무실한 기관에 불구하다.

중국의 사법기관 역시 공산당의 지도를 받는다. 사법권의 독립은 기본적으로 없다. 한국의 대법원격인 최고인민법원 원장(장관급)은 전국인민대표자 대회에서 선발된다. 지방의 인민법원(고급, 중급, 기층)도 각 인민대표대회에서 선발한다. 최근에

CHAPTER 8. 중국 공산당(共産黨)

는 '법에 의거해 나라를 다스린다(依法治国)'는 정책을 추진하고 있지만, 중국 공산당의 정치구조인 선당(先党) 정치체제하에서는 요원하기만 하다.

중국은 지난 30여 년 동안 성공적인 개혁·개방 정책을 통해 비약적으로 경제 성장을 이루어 중국 인민들의 '먹을거리'를 해결하였고, 시장경제 체제를 확립한 것은 물론 정치, 외교, 군사 분야에서 중국의 위상을 크게 향상시켜 마침내 중국을 미국과 함께 세계의 G2(주요 2개국)로 일으켰다. 중국 공산당은 이러한 성공에 상당한 자부심을 갖고 있다.

중국 공산당은 창당에서부터 신중국 건국과 정권유지, 개혁·개방의 성공으로 현재까지 중국사회를 성공적으로 이끌어왔다. 필자가 주장하는 '중국 공산당은 정당으로서의 당(党)이 아니라 중국 정부 혹은 중국 자체로 봐야 하는 것'이 옳다는 이유가 여기에 있다.

현재 중국 공산당은 전국에 8천여만 명의 당원이 있다. 이 같은 막강한 공산당에 도전할 수 있는 세력이 중국 국내에 없을뿐더러 이들은 기득권을 내려놓지 않을 것이다.

이원엽(李元燁)

1992년 한중 수교 이듬해 중국 북경대학교로 유학 후 학부는 중국 고대사를 전공, 석사과정은 동북아 근대사, 박사과정은 동북아 현대사를 전공했다.
북경연합대학 역사학과에서 부교수, 중경 서남대학 역사문화학원 교수, 중경시 한인회 부회장을 역임하며 중국에서 17년 동안 생활하였다.
북경대학교 동북아연구소 객원연구원, 경남대학교 극동문제연구소 초빙연구위원으로 있으며 현재는 중국 대련 외국어대학교 초빙교수로 재직 중이다.

『중미 양국의 한반도정책과정연구』(원제『中美两国的朝鮮半岛政策演进历程研究』)
「1860년대 한중일 삼국의 근대화 개혁비교연구」
「중미 양국과 한반도역사문화관계연구」
「한중 관계와 동북아집단안보」
「동북아 다자안보협력기구연구」
「한반도 영구 중립화론 연구」
「냉전 후 미국의 대 한반도 외교정책연구」
「냉전 후 동북아 국제 신질서 구축」
「한중일 삼국관계연구」
「한비자 평론」 외 다수

e-mail: dage65@hanmail.net
         wonyouplee@yahoo.co.kr

차이나
China Manual
매뉴얼

초판인쇄 | 2012년 2월 6일
초판발행 | 2012년 2월 6일

지 은 이 | 이원엽
펴 낸 이 | 채종준
펴 낸 곳 | 한국학술정보㈜
주   소 | 경기도 파주시 문발동 파주출판문화정보산업단지 513-5
전   화 | 031) 908-3181(대표)
팩   스 | 031) 908-3189
홈페이지 | http://ebook.kstudy.com
E-mail | 출판사업부 publish@kstudy.com
등   록 | 제일산-115호(2000. 6. 19)

ISBN   978-89-268-3031-4 93340 (Paper Book)
        978-89-268-3032-1 98340 (e-Book)

이담 Books 는 한국학술정보(주)의 지식실용서 브랜드입니다.